4/10

醉文明

收藏马未都

马未都 著

中信出版集团 · 北京

目录

自 序

此套书已出版八册，曾写过两序。事隔几年重读旧序，仍觉得话说得份量已足，再说都是赘言。新瓶旧酒，越久越醇；赏的是瓶，品的是酒。对于读者，饮之通泰为上上；对于作者，观之欢愉则为中上，均为人生之快事也。

人生快事自古多样。明末清初有个文学批评家叫金圣叹，名字是他自己改的，听着古怪，含义很深。他对《水浒传》、《西厢记》、《左传》都有过批评，尤其对《水浒传》和《西厢记》的评点详尽且细致入微，眼光独特犀利，同时代乃至后时代的学者都给予了极高的评价，连顺治皇帝都说“此是古文高手，莫以时文眼看他”。但金圣叹命运不济，因冤问斩，刑前畅饮，边酌边说：“割头，痛事也；饮酒，快事也；割头而先饮酒，痛快痛快！”

由此可见痛快之事因人认知而不同。写作为先，饮酒为后，《醉文明》丛书基于此才有“醉”字。我们的文化源远流长，沉淀厚重，享受容易解释难。几千年来，国人在此文化的滋润下，享受其果，忽略其因，而我们仅是解释其因、养护其果而已。因果之间相生相灭，亦可以看成因果互为，所以佛教说：无为无因果。

这书不是写出来的，是说出来的，故自由随意。说出来的书比写出来的书多一分自由，少一分拘谨。想想四大名著，前三部《三国演义》、《西游记》、《水浒传》都是说出来再落成文字的。三部巨著流传甚广，缘于初始的自由，提炼的随意。自由与随意就成了书籍的某一种状态，于是就有了这部《醉文明》。

看书、读书、说书、著书乃古之四事，此四事于观者介于看读之间，于作者介于说著之间，其中差距微妙，感受奇特。看书之看为阅，读书之读为学；说书之说为泄，著书之著为垒；阅、学、泄、垒乃四种与书相关之状态，勾连你我，组成了这个纷杂的世界。

唯一值得赞叹的是，我们所处的世界积累了先人的文化遗存，我们仅是继承者，坐享其成，无法言谢。

是为序。

2016 年 11 月 19 日凌晨

余韵悠悠民乐器

不同国家、不同民族、不同时代都会有独具特色的乐器，演绎风情万种、风格迥异的美妙旋律。本篇我们就来感受一下中国古代的丝竹之美，说说中国古代的乐器。

我们曾经在《醉文明（壹）》中说到过“六艺”：礼、乐、射、御、书、数。其中“乐”不仅仅指掌握乐器，更重要的是要欣赏音乐，这是一种艺术修养。

我们今天能看到的中国古代最早的乐器是埙（xūn），一种用陶土烧制的乐器，吹起来声音很悠扬。六七千年前河姆渡时期的陶埙，最早只有一个孔，从某种意义上讲它带有哨的特征。在历史的演进当中，埙又增加了很多孔，有的多达 11 个孔。再有就是笛，最早的笛子是用骨头做的——骨笛。通过埙、骨笛这些乐器，我们能看出古人在文明的进程中对音乐的追求，而这些实物就是中华几千年文明的证物。但我们了解古代乐器，不一定非要通过这些实物，还可以从其他藏品中来了解。

河姆渡时期　陶埙

河姆渡时期　骨笛

明晚期　铜胎掐丝珐琅吹箫引凤折沿盆
口径 39.4 厘米　观复博物馆藏

清康熙　青花携琴访友图盘
口径 28.6 厘米　观复博物馆藏

有很多文物间接传达着其他的文化信息。左页上图是一个明代晚期的景泰蓝折沿盆，盆上画有一群人，天上飞着一只凤凰，这就是历史上著名的典故——“吹箫引凤”。传说秦穆公有个小女儿叫弄玉，她很清高。有一天，她在家中听到远远的箫声。秦穆公为了让女儿高兴，就把吹箫人请到了家里。这个青年才俊叫萧史，他和弄玉通过箫，也就是通过音乐彼此吸引，互生爱慕之情，最后引来了凤凰。萧史乘着赤龙、弄玉乘着紫凤，双双飞天而去，故事的结局非常圆满。

左页下图是一个清康熙时期的青花盘，画的是“携琴访友图”。小童腋下夹着一把古琴。中国古代乐器里，对我们影响最深的就是琴了。我们老说“剑胆琴心”，琴指的就是七弦琴，它的声音非常收敛、悠长。

其实中国古代的乐器非常多，再长的篇幅也讲不完。我们的音乐也非常浩繁，有很多名曲已经失传了，今天还在发掘当中。这些音乐给我们民族带来了无尽的快乐，在很大程度上提高了我们社会的文化素养。如今身处一个现代化的社会、文明的社会，多了解一些音乐知识、多拥有一些音乐修养对我们一生都是有好处的，所以每个人都有必要多了解一点儿音乐知识。

1. 我们常用“五音不全”来形容某人缺乏音乐细胞，那么“五音”具体指什么？

马未都评：“五音”是指“宫、商、角、徵、羽”。中国的古典音乐中，就是这五个音。我们今天学习的音乐都是七个音——哆来咪发唆啦西，中国古代音乐中只有“哆来咪唆啦”，“发、西”这两个音是没有的。要知道，中国古代音乐没有半音关系，“发、西”这两个音跟两边的音是半音的关系，从钢琴琴键就能看得清清楚楚。所以中国人说“五音不全”，从不说“七音不全”。

有一种玩具叫“八音盒”，是西方人的发明，它的八音跟中国古代的八音是不同的。中国古代音乐就乐器的材质分类，

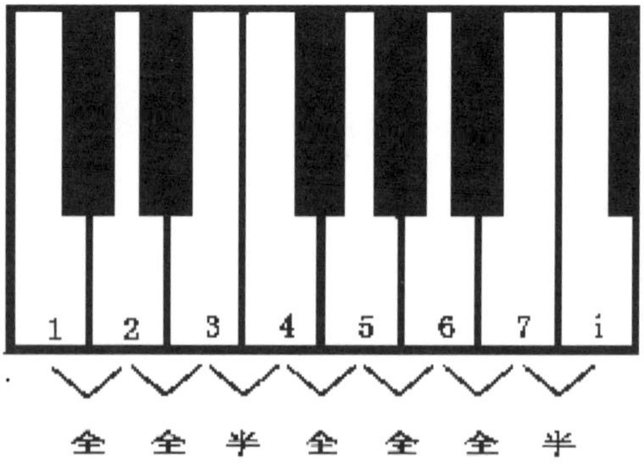

半音关系图

也讲八音——金、石、丝、竹、匏、土、木、革。“金”就是金属的乐器，比如钟、镲、锣等；“石”指石头、石磬，敲打出来也是有声音的；“丝”，指带弦的乐器，比如二胡；“竹”，比如笛子等用竹子制作的乐器；“匏”是指葫芦一类的乐器，比如葫芦丝；“土”就是用土烧制的乐器，比如埙；“木”是指打击类乐器，比如我们知道的木鱼；最后是“革”，凡是蒙皮子的乐器都属于这一类，比如鼓。这是中国古代的八音，跟前面说的五音是完全不同的概念。

2.《韩熙载夜宴图》里共出现了多少件乐器？

马未都评：《韩熙载夜宴图》中至少出现了 18 件乐器，包括琵琶、鼓、笛、羯鼓、响板、箫等。

中国大多数的绘画都是文人的怡情，主要画些山水、花草、鱼虫等，很少记录一个事件，而《韩熙载夜宴图》则记录了五代十国历史上一个重要的事件，所以说它是中国绘画史上非常少有的作品，是我们的国宝。画家顾闳中当年受南唐后主李煜之命，偷偷去查看韩熙载在做什么。这有点儿像电视剧《潜伏》，他潜伏进去，观察韩熙载是不是还忠于朝廷。因为韩熙载是北方人，跑到南方以后，南方的君主对他很不信任。为避免李煜的猜疑，他以声色为韬晦之计，每天开宴行乐，沉湎歌舞，醉生梦死。画中展现的就是这样一个宏大的宴会场面。

这幅国宝曾经流失到海外，20 世纪 40 年代张大千花了 500 两黄金买了回来，50 年代的时候在香港抵押给了银行，由周恩来总理特批，国家花了两万美元把这件东西赎回，这也说明了它的珍贵性。1959 年这幅画被调拨给故宫博物院，今天藏在北京故宫，可以说是一件非常难得的幸事。

五代　顾闳中《韩熙载夜宴图》局部

古玩门诊

古玩一

清晚期　粉彩开光人物纹瓶

从造型上讲，这种直颈、底下呈球状的都叫“天球瓶”。这件天球瓶颜色非常鲜艳。天球瓶是明代初年才出现的造型，后来非常受社会欢迎，宫廷、民间都喜欢。在清代康乾盛世，尤其是乾隆时期，天球瓶做得比较多。到了清代晚期，摹古之风兴起，也模仿做了一些这种造型的瓶子。这时候的天球瓶跟明代的完全不一样，明代的天球瓶都比较敦实，比较扁；清代的相对来说都比较鼓，比较挺拔。

这个瓶子从造型上能看出其仿乾隆时期的意图，但是这种颜色出现的年份偏晚。过去有一个陶瓷术语叫“同治彩”，就是同治时期才出现了这种非常艳丽的粉彩，所以这类东西统称为“同治彩”。其人物的画法是典型的清晚期标准，如果仔细观察可以发现，上面的这些人物眼珠都偏上，都有点儿翻白眼——这是清代晚期画人物的一个特征。同光时期的绘画，尤其是彩瓷绘画，基本上都是这个状况。另外，颜色用得过于跳，让人看了觉得有些刺目。

这瓶子上面趴着一只螭虎，螭虎是龙的变形。雍正、乾隆时期非常流行在瓷器上趴一只螭虎，那时候的螭虎非常有力，往往是腾空的姿势，腿都是支着的。而这只就显得无力，基本上是抓在上面，生怕自个儿掉下来似的，这也反映了当时国家的状态，表明这是清代晚期的一件民窑作品。

古玩二

清同治　粉彩百鸟朝凤纹盘

这个盘子很有意思。这种浅浅向上的造型，是清代同治、光绪年间的典型特征。这上面的彩非常热闹，图案是百鸟朝凤，尽管中间画了一只凤凰，但这凤凰显得很没劲儿，一副软弱的样子，并且其他的鸟不是向心的，而是三心二意的。清初画的百鸟朝凤往往是有向心力的，因为那时的国家有向心力。清代后期的时候，国家就处于一个四分五裂的状态，每个人都各想各的，西方列强侵入，帝制又要崩盘，所以国家的状态从这个盘子上可以隐约感受到。

这件东西也许100年前就出国了，流失海外后，收藏者还是很把它当回事儿的，后面用铜丝捆起来，因为西方人很愿意把这些文物当作陈设器，后面的用金属线可以挂在墙上。这就是一个常年挂着的赏盘。

伞屐蓑笠说雨具

自古以来，雨具都是人们出行的必备之物，同时也有千折百回的文化气息，承载了古人很多情思与心境。

人们是出于什么样的动机，造出了雨伞、雨衣这样的物件来呢？答案是为了提高生活质量。我们都知道，下雨的时候出去淋成落汤鸡是很不舒服的，而且也很狼狈。在雨具发明之前，下了雨就只能躲避，找能遮风避雨的地方。今天因为大部分人都身居城市，一般情况下遭遇暴雨的时候，大家都可以迅速找一个地方躲避。过去的人居住得都比较分散，有时候没地方去躲避，所以一定要依靠一些工具，这就是人们发明伞的意图。

伞最初出现的时候跟后来的用途有些不同。“伞”字是象形字，古代这个字上面有一个“人”字，里头还有四个小的“人”，一共是五个“人”组成了一个“伞”，即一把伞里可以躲好几个人。这就是“伞”字的本意。

傘

繁体“伞”字

中国人发明伞的历史至少可以追溯到春秋时期，再早就找不到文字记载了。伞最初出现的时候并不是为了避雨，而是为了确认主人的位置。我们看到皇帝出行的时候都有宝伞跟随，这样人的地位就很清楚。今天要找到明代以前的伞都非常困难，我们看到的往往都是西化的伞。

东晋十六国　墓室壁画《月和西王母》(局部)

战国　江陵望山漆木车伞

北魏　漆画屏风《烈女古贤图》(局部)

秦始皇陵一号铜马车伞

宋代　地官画轴(局部)

清乾隆　青花皮球花佛八宝纹天球瓶及伞细部图
高 52 厘米　观复博物馆藏

现在很多地方都有一种习俗，就是伞不能当礼物赠送，认为“伞”和“散”同音，寓意不好。近些年由于经济的高速发展，我们产生了很多畸形的文化心理，有很多谐音都开始趋于不祥，比如伞。但中国古代人们反而认为送伞是非常吉祥的。比如《白蛇传》中，许仙和白娘子的定情物就是一把伞，它是一种爱情信物。所以我觉得今天的人不必过于紧张，不必太把谐音当回事。

在古代，雨具是一种非常有艺术美感的物品，我们可以通过藏品感受到。这是一个清乾隆时期的天球瓶，上面画有佛家八宝，即“八吉祥”——轮、螺、伞、盖、花、罐、鱼、长。伞是宝伞，盖是华盖。这就是最初伞的模样，特别飘逸。这个瓶子有点儿来历。它有一对，原来是一个北京老中医家祖传下来的，历经劫难都一直没有破损，保存得很完好。20 世纪 90 年代初开始有拍卖行出现，有一家拍卖行到他家去征集拍品，他就把祖传的一对大瓶拿了出来。当时送到拍卖行没有拍出，

元代　青玉雷公像
高 7.6 厘米　观复博物馆藏

没有人应价，结果这对东西流拍了，我就“乘虚而入”，给买了回来。这对大瓶我非常喜欢，这样大的成对器物，又没有瑕疵，保存到今天非常不容易。

伞跟雨有关，而跟雨紧密相关的一个自然现象就是电闪雷鸣。上图这块玉就是雷公，手里拿着一把锤。从这样一个文物我们可以看出，对于生活中每一种自然现象，古人都做过诠释。在历史文明的进程中，不管这个现象是好还是坏，不管这个现象是已知的、能解释的，还是未知的、不能解释的，中国人都努力做了解释，很多解释逐渐趋向真实。我们一开始可能对这种气候物象不太了解，有所恐惧，但是随着科学的发展，我们逐渐都了解了，这就是文明的发展历程。

1. 唐代诗人张志和诗中曾提过“青箬笠，绿蓑衣”，这分别是用什么材料制成的雨具？

马未都评：这涉及张志和的《渔歌子》：“西塞山前白鹭飞，桃花流水鳜鱼肥。青箬笠，绿蓑衣，斜风细雨不须归。”“箬”字今天不怎么用了，箬竹是一种特殊的竹子，叶子比较肥大，我们一般包粽子用。今天基本上没有雨帽了，人们都是用伞来代替帽，因为帽子的尺度是有限的，如果做得过大会很怪异，直径一米的帽子首先进出地铁就很不方便。蓑衣实际上是用棕编的，非常重，但防雨性能非常好，超出大家的想象——不论多大的雨，都不可能把它淋透。为什么呢？

很多动物在大雨中行进，它们表面的毛是湿的，而里头的毛却是干燥的。这是因为棕毛是有方向性的，蓑衣就是这个原理。所以虽然蓑衣是一绺一绺的，但披在身上时就把水导流出去了，不会往里渗。在我的老家山东荣成，海边上有一种用海草盖的房子，无论多大的雨都不会把屋子淋透。海草也是呈倾斜状的，雨落在上面都会顺着滑走，就像导流一样。所以用棕做的蓑衣是绝对不可能被雨水渗透的。

说到笠帽蓑衣，我们中国的古诗词特别偏爱它，很多经典名句都以它为画龙点睛之笔。比如柳宗元最著名的诗：“千山鸟飞绝，万径人踪灭。孤舟蓑笠翁，独钓寒江雪。”他描写了这样一个场景：在一个大雪皑皑的世界中，有一个人在那儿独钓。这体现了一种文人精神，后来这种精神流传到后世，到了明清时期，蓑衣加笠帽的打扮就不是一个老农的打扮，而成了一种文人侠客的打扮。

2. 油纸伞上涂的是什么油？

马未都评：过去使用的伞跟今天的不同。首先是材质不同，一般来说杆是竹子或者木头，但是支起来的伞骨一般都用竹，因为竹的弹性很好，收放自如，而且耐腐。油纸伞上面涂的一层材料是桐油。我们现在常说的“油漆”，其实油和漆是两种东西，都有极强的防腐能力，油就是指桐油，可以刷在纸上、布上和丝绸上。过去的油纸伞非常美，并且能带给你无尽的遐想。戴望舒的《雨巷》我们都读过，在江南的霏霏春雨当中，如果有一把颜色鲜亮的油纸伞，尤其有一个女孩的背影，不要看她的脸，一定会给你无尽的遐想。这是一种文化意象。

伞虽然发明了很长时间，但真正被普遍使用却是宋代的事情。宋代以前中国人发明伞大概已经有上千年了，但却不怎么用伞。具体的原因现在不详，我们可以用证据来说话。搜遍五万首唐诗，几乎找不到“伞”

油纸伞

北宋　张择端《清明上河图》
长 528.7 厘米、宽 24.8 厘米　故宫博物院藏

字。我们知道，唐诗是唐代的百科全书，当时所有的东西在唐诗里都可以找到，但唯独找不到伞，其中能找到的避雨工具都是蓑衣、斗笠。只有白居易的一首《黑潭龙》中有一句“神之来兮风飘飘，纸钱动兮锦伞摇”。他这里说的伞明显不是避雨用的，而完全是一个神的景象。到了宋代，伞就非常普及了。我们最著名的国宝《清明上河图》上，据统计共有 42 把伞，可见当时伞的流行。

3. 木屐有几个齿?

马未都评：木屐是另外一种雨具，即雨鞋。今天一个人有十几双乃至几十双鞋都很正常，但古人不一样，他们对鞋非常珍惜，一到下雨天就把鞋搁家里了，基本上就等于光着脚，多大的雨都不怕。但是又怕扎脚，该怎么办呢？人们就发明了木屐，防硌、防扎、不怕雨。

那么木屐到底有几个齿呢？我们今天不使用木屐了，日本人尽管还用木屐，但是经过了改良，也不是最原始的状态了。原始的木屐有两个齿。相传这种鞋是谢灵运发明的，是为了登山用的，所以它有一个名字叫“谢公屐”。在登山的时候，把前齿卸去，这样登山就变得非常容易，下山的时候，又把后跟卸去。这种木屐在中国历史上流传了很久，也使用了很久。古时候的生产力比较低下，古人发明了这么简易的鞋，可以避雨，还可以登山，可见中国人非常聪明。

宋代 《归去来兮辞图》

古玩门诊

古玩一

北宋　耀州窑缠枝花卉纹茶盏

这是一个北宋耀州窑茶盏，而不是汝窑的。近些年我们对汝窑的认知提高了很多，一看这种绿色就知道跟汝窑无关。汝窑是一种天青色，周杰伦在《青花瓷》里唱“天青色等烟雨，而我在等你”，原来这个歌就叫《汝窑》，后来为什么改成《青花瓷》了呢？方文山说如果报幕时说“下面演唱歌曲《汝窑》”，就不好听，所以只好改成了《青花瓷》。

这个茶盏的底足和胎都告诉我们，这是一件北宋时期耀州窑的作品，做得非常精美。日本人不大懂，在外盒上写的“汝窑青瓷阳刻茶碗”，四个词只说对了一个，就是“青瓷”。汝窑没说对，这是耀州窑；阳刻没说对，这是印花；茶碗没说对，这是茶盏。但是从这个茶盏，我们能看出来当时日本人对中国文化的崇拜之情，它能够荣归故里，也是我们大家的荣幸。

古玩二

这是一个道教人物的瓷器，看后面这披肩发就可以判断是玄武，就

明嘉靖　青花玄武大帝造像

是指北方。中国人把所有的方位都用一种很具体的方法来指示——左青龙、右白虎、前朱雀、后玄武，或者说南朱雀、北玄武。

青龙、白虎、朱雀这三个方位的象征物都是一种动物，只有玄武是由一只龟和一条蛇组成的。去过武当山的人一定能看到，玄武是北方之神，后来叫真武大帝。为什么要改成“真武”呢？就因为宋代避“圣祖”赵玄朗的讳，避“玄”这个字，所以改名。这个赵玄朗就是后来的财神赵公明。明清时期，统治者对玄武都比较推崇，尤其是永乐皇帝朱棣。当时朱棣是燕王，由北京向南进发，一路非常顺畅，直到把国家大权攥在手中，玄武大帝是北方之神，所以他就认为是玄武大帝帮了他大忙，一直非常崇奉。这只是一个民间供奉的造像。明代晚期瓷器烧造得非常粗糙，经常出现麻布底。东西做好了把麻布搁在上头，因为泥是软的，一开始就有这种痕迹，把麻布撕下来直接就开始烧造。为什么这么晕散呢？是明晚期烧瓷质量下降所致。嘉靖皇帝本身崇尚道教，所以我们今天能看到的这类造像，反而更多的都是嘉靖一朝的。这个应该是那个时期的，只不过东西比较粗糙，但是仔细看他的眉眼，还是挺好看的，有道教的味道。

福寿绵长千古梦

我们在生活中经常说“五福临门”。一到过年过节，大家都会在门上贴上“福”字。那么“五福”包括什么呢？

“五福”第一是长寿。人活在这个社会上、活在这个星球上，生命的长度是非常重要的，所以能够长寿是“五福”的第一个标准。第二是富贵，这个标准在文明的演进当中有一些小小的变化，富贵包括物质与精神两个层面。第三是康宁，就是健康安宁，这也是我们生活中最希望得到的。人吃五谷杂粮没有不得病的，所以健康是生活中一个非常重要的指标。第四是好德，一个人生活在这个社会上，德行是非常重要的，对待这个社会的一个基本要求就是要有上好的德行，就是在生活中不给他人和社会造成麻烦。第五就是中国人说的“善始善终”，因为我们无论多么长寿，最终都要离开这个世界，所以最终能不能走得更好，这也是人类对生命终极思考的价值。本篇先从排在“五福”首位的长寿开始说起。

古代的人们是怎样追求长寿的呢？首先是内心的安定。古人观察到，对寿命最重要的影响之一就是心态。一个急躁的人非常容易暴亡，我们有时候说“把我给气死了”就是这个意思。所以中国古代的养生之道就非常强调内心安宁。比如孔子，他活了 73 岁，是一个长寿之人。在两千多年前有这样的寿数，应该说是非常难得的，他一生当中就一直强调自己内心的安定。下面通过两件藏品来看看上面都有哪些长寿人物，描述的是什么样的长寿故事。

下页是一个清代早期的五福碗，上面写着五个“福”字。可以说这是一种化抽象为具象的形式，用一个很具体的字来表明自己的内心世界。

清康熙　豆青沥粉青花五福碗及款识
口径 19 厘米　观复博物馆藏

清道光　粉彩描金红蝠团寿纹盘
口径 28.5 厘米　故宫博物院藏

上面“福”字是用沥粉的方法突起的，很立体，中间填的是青花色。清代初期这样的五福碗相对来说比较多，到了清代中期以后，抽象化的图案多了起来，比如画五只蝙蝠代表五福。在瓷器和其他文物上，这种纹饰俯拾皆是，已不再那么直接了，而是用间接的方式表现了当时生活的富足状态。

下页上图是一个清中期的豆青釉青花象耳尊，上面画的是八仙上寿图，有一个老寿星，下面都是八仙人物，还有几个小童。八仙的姿态神态各异，表明了古人长寿的意愿。

这个图跟明代的八仙上寿图有明显的不同，它增加了很多世俗的画面。比如这里有一个刘海戏金蟾的场景，整个画面非常生动，表明这件瓷器有可能是当时送的祝寿礼品。瓷器的背面画的就是蝙蝠，两只蝙蝠相向，是腾飞的状态。可惜少画了三只，如果再画三只就是“五福”了。

清中期　豆青釉青花加白八仙上寿图象耳尊
高 49 厘米　观复博物馆藏

清嘉庆　蓝料珐琅彩云鹤纹水仙盆
长 32.7 厘米　观复博物馆藏

这是一个水仙盆，上面画的是云鹤纹，有满天祥云，还有满天飞舞的仙鹤，表达了一种自由的意境，一种渴求生命的状态。“渴求生命”不是一句空话，而是生活中实实在在要做的一件事情，就是放下心中的烦恼，追求生活的平静，不要过度追求生活中的财富，做一些可望而不可即的事情。实际上我们每个人都会在社会的蛊惑下，做一些可望而不可即的事情，很多人也认为自己有超凡的能力。我曾经在电视上看到过一个人，人家问他“你为什么要做这个非法的事呢”，他说“我上班一个月才挣一千多块钱，我的理想是开上兰博基尼”，你想想这事儿有多不靠谱啊！人满足自己的欲望一定要根据自己的能力，不要设置太高的目标，不要给自己增加压力，这是你祈求生命能够长久的一个根本要求。中医说“内心恬淡虚无，百病难生”，只要人人都有一份好心情，长寿之路或许并不遥远。

1. 宋代最长寿的皇帝是哪位？

马未都评：历史上有很多长寿之人，作为标杆的往往是皇帝，因为皇帝是全国人民都知道的一个人，所以他的长寿就显得特别重要。

北宋和南宋加起来319年，其中最长寿的皇帝就是南宋第一个皇帝高宗赵构，他活了81岁。在中国封建社会皇帝长寿的排行榜中，他位列第三。这里不包括武则天，武则天活了82岁，比他还多活一岁。赵构是徽宗的第九子，是个非常有传奇色彩的皇帝。他是一个内心比较安定的人，从小就能看出他长大后的模样。

南宋　高宗赵构像

据说金人南侵的时候，宰相需要带一个皇子做人质，去金兵的军营谈判。当时徽宗十几个儿子在一起开会，谁都不愿意去，所有人都认为一定是有去无回，必将死在金兵手下。这时候赵构站起来说："我去！"他到了金兵的军营后，所有人都在观察他，因为金人认为皇上都是好吃懒做、唯唯诺诺、胆小如鼠的。可对于这个人，他们形容为"呆若木鸡"，什么都不怕的样子。"呆若木鸡"最早并非贬义，而是非常高的评价。周庄王当时喜斗鸡，有一只鸡看所有的鸡过来，还跟木鸡似的站着，什么都不怕，呆若木鸡。语言在发展当中意思会转化，后来这话就发展成说一个人呆头呆脑的。但恰恰是呆若木鸡的赵构给了金人一个信号，金人认为他不是皇子，要求退回去换真皇子来，就把赵构给退了回来。赵构后来南渡跑到杭州建都，南宋因此迎来了第一个发展高峰，一定程度上也可以说是盛世之景象。所以由于赵构奠定下来这样一个基础，南宋后来的生活还是很圆满的。

现在都市里的人往往生活压力大、节奏快，每天有忙不完的工作、跑不完的应酬，而且作息还不规律。那么我们怎么才能健康长寿呢？很重要的一点就是要陶冶性情，处事不惊，减缓压力。减压说起来容易做起来难，我也经常说自己需要减压，压力太大、事情太多，需要减去一些事情。我们人生中要追求很多很多目标，但大部分目标是追求不到的，所以就要知道什么可为、什么不可为。如果内心能够寻求到自己的一份安定，对生命来说是最好的一件事。现代医学也可以证明，影响寿命的直接因素就是心理的压力。我们为什么拿皇帝来举例呢？就是因为皇帝的心理压力比普通人都大。这个国家都是他家的，他什么事情都要管，所以九五至尊的皇帝们虽然贵为天子，但活过 80 岁的男性皇帝仅有 4 个人：清高宗爱新觉罗·弘历，享年 89 岁；梁武帝萧衍，享年 85 岁；南宋高宗赵构，享年 81 岁；元世祖忽必烈，享年 80 岁。

2. 我们祝寿的时候常常说“寿比南山”，那么“南山”指的是哪里？

马未都评：南山指的是终南山。一般情况下，我们很容易认为南山一定在南边，但今天站在中国的腹地看，这南山却是在北边，位于陕西西安。为什么用南山来比长寿呢？因为老子在那儿生活过，那儿有一些老子生活的传说和遗迹。道教主张清静无为，主张人要放下心中的烦恼，追求人生的快乐。说到快乐，长寿是第一条。中国人认为道教是让人长生不老的，所以就认为南山是长寿的象征。

“寿比南山，福如东海。”今天以地图而论，东海大概就是中国地图“鸡脖子”底下的位置。但是古代没有这么多的人文教育，很多知识是靠经验积累，所以人们对东海这一片海域非常不清楚，就觉得广袤无垠，所以才说“福如东海”，表明福气像大海一样，一眼望不到头。

3. 小说《三国演义》里“鹤发童颜”形容的是谁？

马未都评：我们在生活中会碰到一些老年人，头发都雪白了，但是脸色非常红润，说的就是这种现象。“鹤发童颜”在我们的文学作品中多有描述，在《三国演义》中指的是华佗。

华佗像

华佗是东汉著名的医学家，在中国历史上确有其人，所以在《三国演义》第十五回里有一段描写。周泰受了枪伤以后，孙策非常着急，听说有一个叫华佗的人可以药到病除，于是就把他请来了。书中说孙策一看这人“鹤发童颜，有飘然出世之姿”，意思是这人出场以后跟仙人一样。孙策就说“大夫您看这怎么办”，华佗就说这是一件小事，然后把药方开了，一个月时间周泰就痊愈了。

华佗本身是长寿的人，后世的人把华佗神化了，因为我们过去认为无疾而终是人生的最高境界。由于疾病对人的侵扰，人们对能够医治疾病的人都怀有敬意。今天也是这样，人们一有伤病马上就奔医院。同样，在过去，社会上对有高超医术的人一定是高看一眼的，所以华佗就留下了很多富于传奇色彩的故事。

我们一生中很多时候都在跟疾病作斗争。我们希望自己长寿，首先就希望自己是健康的，远离疾病。不幸的是，你主观上想远离疾病，但你一生中未必能远离疾病，每个人都有这样那样的问题、这样那样的疾病，这是很正常的。因为我们在生活中不会孤立地存在，总会跟社会打交道。从吃的上面讲，今天有大量的问题出现，比如瘦肉精、地沟油、毒牛奶等等，这些事情对身体都是有伤害的。即便没有这些事情，自然界换季、气温降低、人体不适等等，你也可能会遇到问题。我们在未来的人生和社会发展当中，一定是把疾病作为第一研究重点，所以现在全世界投入大量人力物力进行医药和防治疾病研究。

古玩门诊

古玩一

清中期　青花釉里红渡海观音笔架山

这是一个清代中期的笔架山，俗称渡海观音，画面上有两条龙和海水，上面坐着一个观音。从功能上讲，这应该是一个装饰性很强的笔架山。这种山字形的笔架山在宋代就有了，只不过形态各异。这是最典型的三山式，有三个峰，两边两个龙头算两个峰，上面的观音算一个峰，底下写着六字款“大明宣德年制”。

从青花颜色上讲，这件东西跟乾隆时期的非常接近。龙的形象不像乾隆时期的标准型，有一点点差异，但是观音的形象——眼角是吊着的——跟乾隆时期观音造像的面相比较接近。而且这种东西的胎跟拉坯的那种圆形的（如碗、盘等）都不一样。在拉坯的过程中，胎土淘制得比较细腻，而且拉的时候有一个应力，所以就显得非常硬。而这件是一个模子活儿，模子制的胎都比拉坯的胎软，因为太硬了就没法填充模子。上面这些须状不是模子制出来的，而是后来粘上去的，工艺比较麻烦。

古玩二

唐初　黄釉双龙尊

这是一个双龙尊，我们在之前的书中讲过，但这个尊跟以前的有所不同。之前看到的这种青瓷或白瓷的尊，釉通常只到肩部，肩以下基本就没有釉了；青釉一般情况下都能到下部，甚至到底。这就说明，这个造型在唐代的流行过程中，釉的覆盖面是越来越广的。从三彩的角度来说，它的颜色比较单一，有黄色，也有带一点儿绿的黄，即浅黄和深黄之间，这也符合早期唐三彩的规律。胎非常细腻，上面有一层化妆土。所以从胎、釉的颜色以及施釉的尺度看，这就是唐代初年的东西，距今也将近 1 500 年了。

双龙尊不是中国人的传统造型，而是我们从西域学过来的，它跟中国的汉文化有一点儿不同。这个造型非常优美，首先是器型饱满，整个腹部浑圆；两个龙从肩部突然升起，呈对称状。这个造型在清雍正时期非常受欢迎，所以雍正一朝有豆青釉、茶叶末釉，做了很多这种仿品。二百六七十年前，雍正皇帝就下令做过这个东西，可见这个造型对中国文化的影响。

这件东西非常古朴，跟我们后来非常矫情的审美有天壤之别。当你真正从内心觉得这样的东西是一种大美的时候，你的审美已经提高了一个段位。

古玩三

明天启　五彩花卉纹葫芦瓶

这是一个葫芦瓶，它的颜色对比非常强烈。我们过去在颜色搭配时，最忌讳的就是红配绿——过去有一句不太好听的话“红配绿，赛狗屁”。其实不然，审美有时候是物极必反的。比如五彩从元代创烧以后，到了明晚期就很趋向于大红大绿的这种表现，以红、绿为主，非常鲜艳强烈，给人的感官刺激或者说给人感官的愉悦超乎想象。这件东西猛一看就是红绿彩，但实际上它上头还有两个颜色——黄和紫，这就符合了五彩的基本条件。五彩是一个泛称，不管几个彩都叫五彩。

这件东西是晚明五彩的典型代表。首先是造型，嘉靖万历时期，葫芦瓶非常流行；其次就是这种彩是单一的，不加青花，到了清代以后，五彩中往往愿意加上青花或蓝彩；再从纹饰来看，上面牡丹的画法——双犄牡丹，对清代康熙年间的画风产生过深远的影响。造型、颜色、纹饰，每个特点都能反映那个时期五彩瓷的特点。这件东西准确地说应该是天启年间的，已经是明代最后期。

富贵须从何处得

“五福”中富贵排在第二位。关于富贵，每个人都有自己的看法和理解：陈胜说“苟富贵，无相忘”，陶渊明说“不戚戚于贫贱，不汲汲于富贵”，杜甫说“富贵必从勤苦得，男儿须读五车书”。古代对于富贵的认知跟今天有一点儿区别。古人认为，富与贵之间紧密相连，不可分割，这是由当时的社会结构决定的。我们知道，在中国的封建史上，有钱人才能去读书，贫穷的人必须通过读书这一途径改变自己的面貌，成为社会精英。“学而优则仕”，富贵跟官职是有直接关联的。但是到了今天的社会，富与贵是可以分开的，有的人可以光富不贵。富是一种物质追求，贵是一种精神追求。现在说有的人“光有钱了，一点儿文化没有”，大概就是“光富不贵”的意思。还有的人有钱了以后，反而会生出很多恶毛病，这是我们今天的社会非常厌恶的。

中国古代有很多富贵人物的代表。唐代大将郭子仪，在唐以后的文学描写中都把他当作一个富贵的典型。根据民间传说或者戏剧，他的七子八婿都在朝廷做官。他的儿子郭暧是当朝驸马，郭子仪可以带子上朝，这是中国历史上非常著名的故事。他还很长寿，活了84岁。从年龄、财富、家庭构成等诸多角度去看这个人，所有的方面他都达到了，所以他就被后世视为“大富贵亦寿考”。

唐代　郭子仪像

清早期　款彩大富贵亦寿考十二扇屏风
长 686 厘米　观复博物馆藏

清康熙　墨地五彩雉鸡牡丹纹琵琶尊
高 37 厘米　观复博物馆藏

这是一个墨地五彩琵琶尊，也很好地诠释了富贵之意。它的形状有点儿像琵琶，所以叫“琵琶尊”。上面画着玉兰、牡丹，其文学含义就是“玉堂富贵”。我们中国人用牡丹花代表富贵，所以在纹饰当中只要有牡丹出现，一般情况下传达的文化信息就是富贵之象。玉兰的形状像一支笔，不开花的时候就像一个毛笔头，所以玉堂就表示有文化。

这件藏品以黑色作地，以此来突出这种玉堂富贵的纹饰，这只在康熙一朝有所尝试，在这以前没有人敢这么做过。后来雍正、乾隆以至晚清都几乎不见，晚清时墨地五彩又重新出现，是因为西方人对这种大胆的审美非常喜欢，所以当时又仿造了很多。我们今天能看到的大部分墨地五彩都是晚清的，能达到康熙一朝水准的是非常非常少的。

这是一个矾红地的青花碗，非常少见。上面画着四种鱼——鲤、鳜、鲢、鳙，中国的四大河鱼。鲤鱼大家都知道，鲤鱼跳龙门；鳜鱼代表长年大贵；鲢鱼就是我们今天说的白鲢，在南北方市场上都有卖的；鳙鱼就是今天我们常说的胖头鱼。这四大河鱼在我们的食谱当中非常重要。

清康熙　矾红地青花鱼藻纹碗
口径 20.2 厘米　观复博物馆藏

这是清康熙年间的民窑作品，只是当时仿明朝的。它的碗口是花边的，另外矾红色的地子也表明它不是一个常用的碗，因为它不方便使用。从某种意义上讲，这也是一个富贵的标志。当一个时代烧造这样一个碗、画这样一个图案的时候，表明了当时主人的富足状态。所以我们老说"康乾盛世"，这个碗正是造于康乾盛世之始。

富贵是我们生活中一个非常重要的话题，我们很多人每天一睁眼就为这件事奔波。但无论怎么奔波，我们一定要约束自己的行为，让行为符合道德的规范，这才是富贵的本意。

1. 士农工商是古代的四个社会阶层，其中“士”代表什么阶层？

马未都评：中国古代社会中，因为有阶层、社会的差异，才形成了“富贵”这样一个价值观。这个价值观对几千年来的中国文化有极深远的影响。对于这种影响，古人做过总结，就是“士农工商”。

“士”实际上代表读书人阶层。士农工商，为什么把士排在第一呢？历朝历代，包括今天，无论家庭背景怎么样，中国人都认为孩子一定要好好读书，这个观念根深蒂固，没有争议，所以士排在第一位。第二，我们是一个农业国，农民是国家占最大多数的群体。中国历史上也是这样，以土地为本，以粮食为本，才让这个国家变成一个大国、强国。第三是做工，这个“工”不是我们今天理解的工人，而是做工。比如我们使用的陶瓷，这些都是手工业者做的。商排在第四位。为什么中国人永远把商排在后头呢？就是我们今天讲的这个主题——非富即贵。中国人认为，你可以平白无故地发财，但未必能在精神上达到一个高的标准。所以中国人历来认为，商人的地位是很低的，甚至认为商人一定是道德水准低下的，所谓“无商不奸”，这是中国古人的一个判断。所以直到今天，我们仍然认为商人在发了财、进入富裕阶层以后，还要满足精神上的需求、提高精神上的境界，这一点很重要。

由富及贵在今天是一个过程，也是一个课题。

其实古代先哲对这四个阶层的认知是很高的，《管子》中说，“士农工商四民者，国之石民也”。“石者”就是国家的支柱，意思就是这四个阶层能支撑起国家。那么在整个中华文明的过程当中，同为商人、读书人，也有品德高低之分。我们今天生活中要探讨的问题，就是怎样在物质水平达到一定基础的时候，追求精神上的完美。

2.“糟糠之妻”中的“糟糠”是指什么？

马未都评：中国话有很多自谦的说法，过去说“糟糠之妻”是指“我老婆跟着我很多年了还有残留的价值”，用来表示自己的妻子。从字面意思来说，糟是酒糟，就是酿酒剩下的酒渣子；糠指米糠，即米脱下来的壳。过去说自己的妻子也可以叫“贱内”，介绍自己的儿子时候要说“犬子”。

“糟糠之妻”这个词出自《后汉书·宋弘传》。光武帝问宋弘对“贵易交，富易妻”的看法。这句话原意是说，我发达了，我的朋友就换了；我富贵了，我的妻子就换了。宋弘非常巧妙地回答说：“贫贱之交不可忘，糟糠之妻不下堂。”

为什么古人总结出“贵易交，富易妻”这样一个规律呢？首先当你的社会地位发生改变时，你过去的朋友很容易跟你对不上话，这时候他就要换一些朋友。不能说那个人都做了皇帝，你上去搂着说，“小时候你还跟我撒尿和泥呢！”这肯定是不成的。但是富了以后就不一样。我们今天生活中能看到大量的案例，很多人发达以后离婚打官司，有的离婚官司甚至轰动全国，因为财产过多。在这种情况下，它不仅仅是财富的改变，而且是心态的改变。心态改变是非常危险的。一个人在由穷及富的时候，应该注重自己的修养并注意自己内心的变化，要让这种变化符合中国的道德水准。

3. “富贵于我如浮云”这句话最早出自谁之口?

马未都评：我们今天有个非常流行的网络语言叫“神马都是浮云”，所谓“浮云体”还真不是当代人发明的，而是在很久很久之前就有了——先哲孔子最先表达了这层含义，但是它的含义比我们听到的这个要复杂得多。

《论语》中孔子说:“饭疏食饮水，曲肱而枕之，乐亦在其中矣。不义而富且贵，于我如浮云。”疏食是指粗粮，饮水就是喝凉水，热水在古代叫作汤，曲肱是指把胳膊折过来枕着。前半句的意思就是说吃粗粮、喝凉水、拿胳膊当枕头，我也有乐趣。而下面一句话“不义而富且贵，于我如浮云”非常重要，强调的是不义之财不可取。我们今天说的“君子爱财，取之有道”也是源于这种思想。富贵本身是个好事，但是如果你不是按照社会的规矩、道德标准去行事，那么你获得财富就是坏事。孔子说过，富贵是人之所欲，贫穷是人之所恶。我们每个人都希望自己能够富裕起来，都讨厌自己贫穷，但是有一点，追求富裕一定要是正当的，一定要遵循社会的道德水准，不能违背道德，这一点非常重要。

但是在现代社会，我们也确实会看到一些“不义而富且贵”的现象，甚至还有人认为，富贵跟财富的积累都是有原罪的。这是一个非常复杂的社会问题。当一个社会中不按规矩行事的人发了财时，就会出现一种模仿效应，所以就形成了如今大家普遍厌恶的一种“原罪”现象。很多企业家很痛苦，在发达了以后老是想自己以前是有原罪的，自己一定要想办法去回报这个社会，来择清自己。与其这样，不如一开始就规规矩矩做人，老老实实发财。

孔子像

古玩门诊

古玩一

清中期　白玉管箩纹鼻烟壶

这种造型的鼻烟壶是清中期偏早时期的，即大约是在雍正、乾隆时期，最经典的造型叫折方壶。我们看到的折方壶大部分都是素的，直接体现它的玉质。这件东西上面做了一种特殊的工艺，俗称管箩工，有点儿像农村筛粮食的管箩。从它自身讲，管箩是底层人民用的一种工具；而白玉在中国人的传统观念中是最上层的，所谓“君子无故，玉不去身”。那么把最下层的管箩纹用这么复杂的工艺逼真地雕刻在白玉上，是出于什么考虑呢？我们国家是一个农耕民族，古人时时刻刻提醒自己应该有怎样一个生活状态。在这样奢侈的一个鼻烟壶上用这样一种朴素的纹饰，传达的就是这种朴素的情感。另外，这块玉上面有一点点瑕疵，做成这种管箩纹正好掩盖了瑕疵。

古玩二

这是北宋时期非常流行的一种陪葬器皿，术语叫明器，即不为你生前所用，只为死后所用。这种五管瓶，管之间有的是相通的，有的不通，

北宋　龙泉窑青釉五管瓶

北宋　龙泉窑青釉塔瓶

没有规律性。这类瓶子在北宋初年的时候，在南方尤其浙江、福建等地比较常见，新中国成立后在考古中也出土很多，但是具体的用途，至今仍是个谜。

这种瓶子的出土往往都是成对出现，只是式样不一样，都是这样一个五管瓶，配这么一个塔瓶。北宋的这种陪葬品因为两件不同，一直影响到后世，尤其是南宋和元代。这种瓶子有很多名称，后来的瓶子就越来越高，有叫魂瓶的，有叫皈依瓶的，有叫龙虎瓶的，有叫飞鸟瓶的，有叫明瓶的，有叫遗食瓶的，不一而足。但是它的整个发展脉络非常清晰，这是最早期的，时间是北宋初年。宋室南迁以后，南宋的龙泉窑质量才开始大幅度提高，而这对瓶子是北宋龙泉窑的，所以质量就不如南宋时期好。它有颜色不一、串烟的问题，开片也不规则，五个管之间的间距都不均等，虽然有各种问题，但是这件东西是北宋初年非常重要的一个标准器。

古玩三

这种颜色在清代瓷器中不太多见，叫“蓝上蓝”，用淡蓝色铺地，然

清中期　蓝釉五蝠捧寿盘

后用青花勾勒图案。因为深蓝和浅蓝两种颜色非常容易混在一起，所以给图案勾了白边，即“堆白”。这件东西拿着分量适中，造型是清代中期最为流行的。款识写得不好，主要有两个原因：第一，清中期的款识有两种，一种是宫廷的官款，还有一种是草记款，就是随便写的；第二是因为烧造当中的限制，蓝色的颜料罩上一层蓝釉，在高温状态下是流淌状的，所以字往往都变得七扭八歪。

上面的图案是“五蝠捧寿”，底足是黑酱釉。凡是清代中期带有颜色的瓷器，基本上都要在底足刷一层酱釉，这是当时最为流行的做法。它做在豆青釉、天蓝釉上，但青花上不做。这件东西是乾隆本年的，而且是乾隆中期的民窑作品。过去这应该是一个很重要的家庭器皿。

内外兼修得康宁

“康宁”从字面上理解就是健康安宁。很多人认为健康安宁才是幸福生活的根本，才是人生中最大的财富。那么它具体有怎样的含义，其涵盖范围又如何呢？

我们今天理解的康宁，应该涉及三个层面：个人、家庭和社会。第一个层面是指个人，每个人都吃五谷杂粮、跟社会打交道，个人怎样在纷杂的社会中独善其身呢？首先要身体健康，其次要与人和谐相处。健康是内在的条件，安宁是外在的条件。第二个层面是家庭。社会上最小的单位就是家庭，家庭之间的健康更多的是指情感上的安宁。第三个层面就是社会安宁，这首先就要求整个社会的精神状态是积极健康的，社会要有秩序、有道德标准、有信任感，而这些正是当今社会所面临的考验。

古人又是如何表达和追求康宁之意的呢？下页是一件清康熙年间珊瑚红地的五彩瓶，上面的图案非常有意思，画的是和合二仙。故事发端于唐代，到宋代固定为“和合二仙”这个称呼，也叫“和合二圣”。到了明清时期，尤其是到了清朝，这一称呼才真正为民间所熟悉。相传寒山、拾得二人不是一家人但亲如兄弟，还同时爱上了一个女孩。于是老大削发为僧，想把女孩让给弟弟。弟弟看哥哥这么大公无私，也离开了女孩。后来两兄弟重归于好，成就了一段佳话。“和合”二字非常有意思，“和”是和气、和平、和谐，“合”是结合。我们用两个谐音的字，表达了对圆满的期盼和愿望。

社会气象万千，天真无邪的孩子是社会气象的重要表现形式。小孩

清康熙　珊瑚红地五彩和合二仙图棒槌瓶
高 45.1 厘米　观复博物馆藏

清嘉庆　珊瑚红地粉彩描金婴戏纹大碗
口径 20.7 厘米　观复博物馆藏

的内心是不加掩饰的，古人喜欢用他们表现一种社会形态，所以凡是历史上鼎盛的时期，大量的纹饰描绘的都是孩童。上页下图是一个清代嘉庆年间的宫廷用碗，也就是乾隆盛世刚刚过去的时期，上面画的是婴戏图，图案非常丰富。

康宁首先是健康。我曾经想过，对我来说，健康的指标是什么呢？第一条就是可以自由地跳起来。当我进入老年的时候，我总有一天不能跑、不能跳，只能走路了。还可能有一天，只能坐在轮椅上，用工具去代替移动，人在生存质量上就发生了很大的变化。身体健康是重要的，但更重要的是心理健康。怎样才能在一生中保持身体健康、心态平和呢？这就要靠我们日积月累的修养。我们的先哲写了很多文章，警示后人在生活中一点一滴地去学习。只有你心理健康了，才能使社会整体上形成安宁与和谐的气象。

1. 俗语有言“饥寒不得病”，这是什么道理呢？

马未都评：健康是第一位的。今天生活好了，大家更关注自己的健康，但是有时候生活越来越好，疾病却似乎越来越多，出现了很多不知名的富贵病。

在人类几百万年的进化过程中，最大的变化是体内的变化，我们由爬行动物逐渐站立起来，并为了适应在这个星球生存而练就了一身好本领。人的身体就像一部非常复杂的化学机器，在外界不适的时候会自我调整，调动体内的积极性——如果你冷了或是饿了，身体就会调动体内的积极性来对抗寒冷和饥饿；如果你既不让身体冻着，也不让其饿着，身体就会捂出病或撑出病来。这就是“饥寒不得病”的基本原理。现代人非常幸福，可以吃得很好，但有的时候还真是要自我调控一下。在生活当中，如果每天吃完饭以后都感觉“哎呀，撑死我了”，这种生活状态一定是不好的。要保留一份饥饿感，不要吃得过多，但也不要为了减肥、为了现在这种时髦的审美而伤了身体。太瘦的话，你抵御外来侵蚀的能力就会减弱，所以我们常说“三分饥和寒”，即有一点儿就可以了。

怎样控制自己的身体呢？在吃饭的时候，能少吃一口就少吃一口；在换季的时候，我们常说“春捂秋冻”，尤其到秋天，不要急于在天气还没有变得非常寒冷时把厚厚的衣服都加上，让身体失去了逐步适应环境的机会。我们不妨试试，冬天的时候可以少穿一点点，平时少吃一点点，这样身体会更好、更健康。

2. 诸葛亮写成《诫子书》时，其子有多大？

马未都评：安宁在很大程度上是一个心理问题。比如生活中我们经常说某个人特别急躁，急躁就是心里不安宁。保持安宁需要有一份修养，而这份修养需要很长时间的学习。

《诫子书》是诸葛亮写给儿子诸葛瞻的，告诫儿子一生中应该做哪些事、朝哪个方向去努力。诸葛亮这时已经50多岁了，当时他儿子只有8岁。诸葛亮说了句非常重要的话，叫“静以修身，俭以养德”。我们只有在非常安静的情况下才能够修炼自己。生活中没那么多顺心的事，你怎样才能在发生问题时很好地控制自己，这是一种本事，也是一种修养。我们一生中很长时间都要跟物质打交道，物质本身是有高低、有差距的，比如饭菜就有粗茶淡饭、豪华宴席之分，那我们怎么能控制自己的行为？诸葛亮提出“俭以养德”，即平时一定要简朴。过去老提倡这种美德，但是今天社会上好像多在宣传要追求奢华，大量的报刊天天都在宣传奢华生活，这使很多人的内心得不到安宁。古人其实思考过这个问题：怎么能使自己的德行提高一步呢？那就一定要注意在生活中从简朴做起。其实这也说明内心深处无欲则刚，豁达一些，想的事情少一点儿，欲望少一点儿，自己可能会变得更加快乐安宁。

诸葛瞻成人以后，成了中国历史上非常著名的爱国英雄。曾经有一个故事说，在两军交战的时候，他把自己的脚埋在土里，表示与国家共存亡，绝不后退一步。这跟他父亲的教育有很大关系，可见诸葛亮不仅是一个老谋深算的政治家、军事家，在教育孩子方面也能看得很远，也是个教育家。

3. 老子在《道德经》中提到："甘其食，美其服，安其居，乐其俗。邻国相望，鸡犬之声相闻，民至老死不相往来。"这段话表达的是什么意思？

马未都评：我们看历史一定要还原到当时那个状态。有时候读史，我们可能会觉得古人很不近情理。比如上面这段话你不理解，是因为你没生活在老子那个时代，你如果生活在那个时代，就会觉得他讲的是一番深刻的道理。

老子身处春秋战国时期，那时各国纷争不断，民间的摩擦急剧上升。当时都是小国，每个国家都急于扩张，吞并别人。老子说"甘其食，美其服，安其居，乐其俗"，实际上是提倡安居乐业，"民至老死不相往来"则是强调和谐，不要过于追求扩张而引起冲突。今天社会上众多公司的扩张，就从反面说明了老子这句话的道理。先哲在两千多年前就有这样高的理想了，我们今天实际上还没做到。

在生活中，和谐相处是一门学问，除了跟你认识的人相处，更多的时间是跟你不认识的人相处。我们只要一走出门去，就会跟这个社会发生关系。比如你乘坐公共汽车，车上可能比较拥挤，你跟身边的人的距离顿时就近了，虽然你们不认识，但这时你们是有关系的。如果你去买菜，你跟卖菜的人虽然不认识，但是你马上就要跟他发生关系。跟自己熟识的人相处要容易一些，跟不熟识的人相处，甚至跟反对你的人相处，则是一门非常深的学问。老子在《道德经》中多次提到人与人之间的关系，那么怎样才能做到安居乐业呢？这就要看每个人的修行。

古玩门诊

古玩一

明晚期　白玉雕荷花纹水盂

这是一个玉质的文房用具，这么小应该不是笔洗，而是一个水盂。写字时墨汁会越写越干稠，就可以在研墨的时候兑点儿水再研一研，水盂就起到盛水的功能。玉雕得很生动，所有的叶脉、翻转都雕出来了。正面雕一枝荷花，雕得非常饱满，蜻蜓顺势而为，身体蜷着，这种感觉在生活中也可以看到。

从材质来看，它的玉质不够白，有点儿发青，而且杂质较多。在古代，这种掏膛形的玉器大部分玉质都不太好，好的一般舍不得这么雕。历史上，每个朝代的玉料都不一样，明代的玉质普遍不好，但做工非常好。但是入清以后，当乾隆打开了新疆玉的通道之后，玉质马上就提高了。从这一点上判断，这个水盂应该是晚明时期的。明代晚期的时候，中国文人特别注重内心的修养，要求大量的生活用具，尤其是文玩都要非常有情趣。这件东西的情趣，从某种意义上讲超出了清朝。清朝做的东西相对来说更工艺化一些，比如一个水盂可以做成标准圆，另外都是一些仿古的纹饰，工艺要求很高，但是生活情趣上就差一些。明晚期的玉器上，这种带有明显的生活情趣、强调和谐的内容就比较多。这个座儿至少也有两三百年的历史了，是原配座，非常难得。

古玩二

清早期　犀角雕山水人物图摆件

这是一个犀角摆件，年份大约是在清初，有300年以上的历史了。犀角大部分都做成杯状，因为把犀角倒过来，本身就有一点儿空，再稍微挖一挖就可以饮酒了。古代人都是用它饮酒的，有一种说法称它可以解毒，这是一种养生的概念。犀角一般情况下舍不得这么雕，因为这个镂空非常深，而且山峰是一峰突起，要去掉很多内容，就会很费材料。过去雕下来的犀角碎屑是一味名贵的中药，全部要进入中药铺。

这件宝物是利用犀角的自然形状，顺势而为做成了一幅山水图。上面雕的人物是独立站在那儿的，哪儿都不靠哪儿，这种雕法非常非常少见。它的树全部是穿枝过梗，都能透过来。上面松树的针脉、松针以及房子的瓦片、房檐都比较精致。从艺术角度去看这件东西，它没有任何缺陷。

这个托儿是紫檀的，做得非常精美，下面的一圈光束非常饱满，这一圈山水跟它相接，严丝合缝，里头凹进去的正是它凸出来的，它凸出来的正是里面凹进去的。从某种角度来看，这是我们的一个生存哲学，是人的一种主观追求——他凸出来我就凹进去，他凹进去我就凸出来。如果他凸出来，我凸得比你还厉害，两个人就打起来了。如果这个犀角里头也凸出来，这东西就放不上去，就不能形成这种和谐之美。很多东西实际上都在提示我们和谐的真正含义。

古玩三

西汉　博戏纹铜镜

我们的祖先最早从没有清晰地看见过自己。今天因为有玻璃镜，每个人都不会去想这个问题，我们每天都可以清晰地看见自己。那么在玻璃镜发明之前，古人怎么看自己呢？拿盆水或对着光，有时候一下能看见自己，但也是模糊的。从战国到汉代，铜镜质量非常高，光可鉴人，但是也达不到玻璃镜的效果，可能连玻璃镜的20%都达不到。我们今天要感谢玻璃镜的发明，要不然每个人都能清楚地看到别人，却看不见自己。

这面铜镜的年代怎么判断呢？汉代铜镜的钮俗称“馒头钮”，像一个大圆馒头，我们看到的大部分是西汉的，由西汉向东汉过渡，这个钮就越来越小。这面镜子从纹样到边缘的部分再到钮的形状，大致应该是西汉向东汉过渡时期的。中间纹饰这个部分被划分成很多个区域，有一个专业术语叫“博局”。汉代的博戏非常发达，实际上赌和博是两回事，铜镜边缘这一圈叫博戏纹，而且不规则；里头一圈乳钉纹，一大圈8个，中间方形的一小圈12个。乳钉纹也是这个时期的一个特点。周围有一圈字，还有待一个一个去释文。这个镜子后面有斑驳状的纹路，它一定是裹着丝绸之类的东西，在腐蚀当中就会出现这种斑驳状。

唐太宗曾说“以铜为鉴，可以正衣冠”，就是说拿铜镜照照自己，就知道帽子是不是戴正了、衣服是不是穿整齐了。就是说一个人再有能耐，也一定要把别人当作自己的镜子。

仁善宽厚话好德

自古以来，中国人就对高尚的品德倍加推崇，也将其作为成功人生的必备修为之一。这一篇继续讲“五福”系列，主题是好德。

我们今天说的“德”是社会的总体修养，包括个人的修养。比如中国人认为，一个人要非常讲信誉，信誉不仅仅是个人的问题，更是一个社会的整体问题。但在今天的生活当中往往不是这样，人与人之间、人与社会之间，甚至人与物之间都缺乏信任。比如我们把食物买到家，马上就开始怀疑它到底安不安全。在这种复杂的社会情况下，反而就会更加要求自己的道德修养。

“道德”的含义比较深厚，不是一句话就能说清楚的。在整个社会当中，在每个人的成长过程中，从小开始抓的就是道德。在“五福”中，好德是最具主观能动性的，即这一点是你自己追求的。从某种意义上讲，好德是没有止境的。一个人可以修炼得非常好，自己内心非常满足，不管社会呈现什么样的乱象。下面就通过两件藏品来感受一下古人的好德之心。

下页上图是一件清雍正时期的粉彩人物软棒槌瓶。它跟康熙时期的瓶子略有差别，下部是束腰的，越来越细，这种造型叫“软棒槌瓶”，在雍正以后比较流行。上面画的是“教子读书图”，有一个老先生，前面有两个孩童在读书，案架上都有书。在德行的培养中，很重要的一点就是教育。一个人不会一生下来就具有良好的品德，古人说“从善如登，从恶如崩”，就是说要学好、建立良好的德行跟登山一样难，但是要学坏只是一念之间。古代有这样一幅画，对我们今天是一个很好的提示。它

清雍正　粉彩教子图软棒槌瓶
高 42.7 厘米　观复博物馆藏

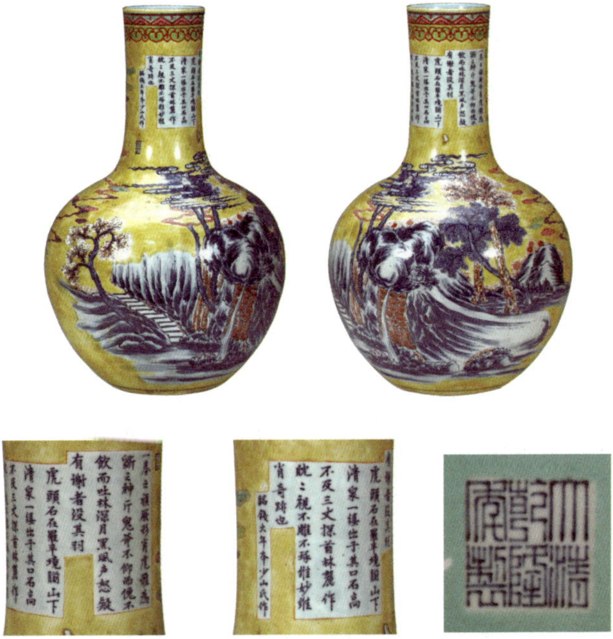

清光绪　黄地青花釉里红山水文字天球瓶
高 59.6 厘米　观复博物馆藏

画得很奇怪，猛一看不一定能看得懂。就是有一个人在用铁锹堆一个土堆，另外一个画面是一个人拉满弓。这有什么含义呢？“积善如垒土”，就是说你做善事、积善德跟垒土一样，要一锹一锹地完成才能堆积成山；但是“纵恶如弯弓”，恶永远在弦上，你的思想一放松，恶就“噌”一下射出去了。所以古人就用这样的画面反复提示大家，人在善面前应该如何积累，在恶面前怎么控制，如果不能控制一闪念的恶，就很容易走错或者走弯一段路。在这一点上，我们应该从幼童抓起。《三字经》、《千字文》都教给了我们做人的基本准则。

培养道德需要很长的时间，是一个坚持不懈的过程。这是清代晚期仿乾隆时期的一个天球瓶，上面画了几棵参天大树。我们常说“十年树木，百年树人”，中国人培养道德，过去不仅从小做起，而且几代人都坚持不懈。我们不可能奢望一个人、一个家庭、一个国家、一个民族在一夜之间就变得道德完善，这是不可能的，它需要长时间的修炼。这在今天对我们民族来说是一个非常严肃的话题。我们很希望能够通过每个人的努力，让整个国民的道德水准提高到一个新的层面，让每个人生活在这个社会中，不再天天为道德的问题担忧，不再没有信任感。在道德方面我们今天丢失了很多，需要很长时间才能把它找回来。

观复学堂

1. 人有“五德”，是指哪五德呢？

马未都评：中国人对“五”很有情感，比如我们这个系列叫“五福”，还有“五伦”，中山公园有“五色土”。中国人也很有意思，赋予很多物以“五德”，比如玉有“五德”：仁、义、智、洁、勇。这是一种最普遍的说法，还有一种说法是仁、义、礼、智、信。鸡也有“五德”，是文、武、勇、仁、信。“文”是“文饰”的意思，是说它漂亮；“武”，我们知道鸡在争斗方面非常英勇。最后为什么会提到“信”呢？是因为每到那个时间，鸡都要打鸣，非常守信守时。再有就是蝉，其“五德”分别是文、清、廉、俭、信，道理是一样的。另外，武行中的“五德”是智、信、仁、永、严。

人的“五德”是温、良、恭、俭、让。我年轻的时候老听到这种说法，但今天很少有人提，我觉得非常可惜。“温”是温和，“良”是善良，“恭”是恭敬，“俭”是俭朴，“让”是谦让。

很多人可能会以为人的“五德”是仁、义、礼、智、信，实际上对人的要求没有这么高，而是要低一层，但恰恰是这低一层的德行是你生活中应用最为广泛的。比如在生活中，有多少人能做到谦让呢？中国人深恶痛绝的现象是有人不排队，乱加塞儿。路上稍微一堵，车就不按秩序走了，能往前走就往前走，能往前加塞儿就往前加塞儿，加塞儿的人还经常跟旁边的人说，“我最烦别人加塞儿了”，其实这正是没有把自己的美德应用到生活中。所以古人在对人的“五德”的总结中，把标准降得比较低。但即便标准降低了，今天能有人做到“温、良、恭、俭、让”也是非常不容易的。

2. 我们说“积善余庆”，那么“积不善”对应什么呢？

马未都评：我们老说“积善之家，必有余庆”，一个人生活中要尽量多做一些善事，除了为社会做好事，很大程度上还是自己内心的感受。与之对应的有一句话叫“积不善之家，必有余殃”。

这句话出自《周易》，后人又对它进行过总结，说人善事做多了，后面一定跟着很多好事，反之亦然。古人说“勿以善小而不为，勿以恶小而为之”，就是这个道理。一个人欲行善时，福虽未至但祸已远去；欲行恶时，祸虽未至但福已远去。记住这个道理，我们要一生行善。我们今天认为的善事往往变成了一种公众行为，比如遇到地震这种突如其来的灾难，全国人民都知道了，然后去做了很多善事，但是平时对于一些小事却忘记去行善。在这一点上，我觉得我们应该好好反思一下自己。

3. 我们常说“救人一命胜造七级浮屠”，“浮屠”是什么意思？

马未都评：“浮屠”是梵语，意思是佛塔，七级浮屠就是七级佛塔。我们知道，佛教传入中国以后，各地都建有很多寺院，寺院中的标志性建筑往往就是佛塔，因为它最高，所以才有了这句话。佛家以慈悲为怀，“救人一命胜造七级浮屠”就是救人一命的行为比捐那么多钱盖一座塔还要重要。可见古人对救人一命的事情看得多么重。

我们始终无法忘怀的就是小悦悦事件，今天社会出现这样的事情十分令人痛心。在一个孩子处在那样弱势的情况下，那么多人路过，为什

清乾隆　紫檀描金七重檐宝塔一对
高 216 厘米　观复博物馆藏

么没有人相救？我们站在民族的利益上想过多少？为什么那么多人都从她身边走过，而没有人伸出相援之手？最后是由一个拾荒大妈把这孩子救起。这个事情给全国人民心灵的震动是非常大的。我说过很多次，一个人的道德水准跟他受教育的多少没有任何关联，所以说每个人都可以完成道德的修养，只看你自己愿意不愿意。拾荒的这位大妈能够在众目睽睽之下伸出相援之手，她就是没有想到自己会受到什么样的社会压力。但我们更多的人在今天会想这个问题，因为社会变化太快了。大家都知道还有一个案子对我们的影响非常深，那就是彭宇案。当事双方一个说是帮助人，一个说是被撞了，法院的判决对彭宇不利，彭宇要付出极高的代价。这个案例给了很多人一个不良提示，那就是遇到这种事情的时候，会犹豫是否要冲上去帮人家。当社会道德跟法律发生冲突的时候，我们应该站在哪一边——这是一个千古命题。

中国人几千年的文明积累是靠道德支撑的。早在汉代我们就有非常完备的法律，为什么没有用呢？是因为所有的事到道德这儿就解决了，无须法律的支援。法律是社会的最后一道屏障，当法律不能治理社会的时候，社会就快要崩盘了。我们过去的社会是靠道德支撑的，漫长的封建社会之所以一直是井然有序的，就是因为那时候道德水准非常高。所以今天提倡好德非常有意义，因为好德能让我们的社会变得更加繁荣、更加和谐、更加有福气。

古玩门诊

古玩一

清中期　五子登科沉香木雕

这件东西有一种强烈的药香味，很好闻，提神醒脑——这就是沉香。沉香全称叫沉水香，就是说这木头搁在水里是会沉下去的。沉香在唐朝就有记载了。《西游记》里明确写到了唐僧取经带回来两种香，一种是沉香，另一种是奇南香，今人称伽南香。今天这两款香又重新被国人认识。在历史上，从唐到宋，甚至后来的明清，文人都追求香，在读书、写字、作画的时候，燃香助兴，还有个成语叫“红袖添香”，说的都是这类香。沉香不是一种专属木头，它是木头经过自然灾害（比如雷击）倒入河道中被埋没多年以后形成的，还有的是树木分泌出来的汁使之变成沉香。

这件东西是清代中早期的，题材是五子登科。这是一只公鸡带着一只母鸡和五只小鸡，一家子其乐融融，景象和谐安宁。中国人常用生活中能看见的景象来反思自己，觉得我们在生活中应该像动物一样单纯，于是就把这样一个画面做成艺术品。五子登科就是培养你的社会能力，首先是道德水准，其次是知识水平，这样你才能成为社会的栋梁之材。

古玩二

汉代　褐红漆人物雕像

这是一件汉代的漆器作品，当年是木胎。漆器的木胎是有要求的，不是所有的木头都可以做的。凡是容易开裂、容易析出油脂或是松香的都不能做，所以这肯定不是松木。一般做这种木胎漆器用的是杉木、楠木——杉木不出油，楠木的木性非常稳定。

这件东西原来应该是非常饱满的，但历经了两千多年，由于它大量吸水，再加上中间的木头已经开始萎缩、干枯，后来的脱水技术不好，这东西就干瘪了，有点儿像晒干了的丝瓜，非常非常轻。脱水是一种科学的方法，如果没有脱水，这个东西很快就会报废掉，变成碎片。

我们看到两千年前的中国漆工艺，首先是它的漆到今天仍非常亮，除了它的皱以外，看着还是光亮如新。如果这个东西没有发皱，还非常饱满，你肯定会怀疑它是新的。其次就是它的颜色、画意，画得非常细。从文物角度来讲，它提供了丰富的汉代文化信息。

了无牵挂求善终

善终是我们生命中最后一站。我相信绝大多数人都害怕走到生命的终点，认为这是最大的不幸，可为什么古人会把善终归为“五福”之一呢？

如何在人生完结、离开这个世界的时候做到善终，这是古人的一个美好愿望，在生活中也一直在朝这个方向努力，主要是强调自己内心的安定——在离开这个世界时，能够心无挂碍、保持平静的心情。我们知道，每个人离开这个美好世界的时候，可能心中都会有这样那样的挂碍，但如果你所有事情都做到了，走的时候就不会有遗憾了。现在我们国家已经进入了老龄化社会，经常会提到“临终关怀”这个词，这也是近些年社会比较关注的话题。中国人不大容易开口去谈死亡这件事，我们年轻、身强力壮的时候，还可以平静地去谈死亡，但是老了的时候反而不能去谈，这是文化决定的。

今天，由于医疗条件的提升，绝大部分人临终都是在医院里，从某种角度来讲，医院对人来说是一个陌生的环境，会让人很紧张，有一定的压力。古代时不是这样，有郎中或医生，但没有医院，郎中看完病就走了，所以历史上大部分人都是终老在自己家里，这样的好处就是儿女绕膝，家里的亲人都在，这种关怀在医院是感受不到的。今天就特别强调这种临终关怀，甚至在西方，很多人在发现自己的疾病得不到控制、回天乏术的时候，很愿意回到家里。比如乔布斯，他就是在家里去世的，而不希望在医院去世。从这方面来说，临终关怀在今天这个现代化社会里显得非常重要。

什么是善终呢？就是你一定要活到一个自然寿数，没有大病的困扰（小病是正常的），那么在去世的时候，你心里应该没有太多的牵挂。我觉得人生最为悲哀的就是死的时候交代后事，跟子女说“我还有好几笔钱没收回来呢”，这样的人生活得就会很痛苦。当一个人活到了一个正常的寿数，如果没有极为痛苦的疾病，能在一个比较安逸的环境中去世，那就算做到了善终。比如我的亲人当中，我姥爷活到将近 80 岁，他中午的时候还说觉得胃里有点儿热，希望吃个冰激凌，然后他吃了两个冰激凌，到了下午五六点钟就躺在床上安然地去世了。他在去世前一个多月做过全套的体检，他身体没有任何问题，他就是终老。他还很满足，去世之前吃了两个冰激凌，很开心，可能心里没有什么事情要交代，就自然而然躺在床上走了。这就是善终，我觉得人生活到这个境界应该说是非常幸福的。

那么古人如何在器物上展示他们的生死哲学、传递善终之意呢？这是一个明代成化年间的挂钟，上面带有确切的纪年。钟在过去是计时的，有一个词叫“晨钟暮鼓”。这个钟的声音还很好听，余音绕梁。我们过去说“钟声有福”，听到钟声就会有福气。很多人喜欢在寺院听钟声，其实

明成化　龙钮挂钟
高 43 厘米　观复博物馆藏

清乾隆　蓝地雕瓷粉彩寿山福海纹笔筒
高 10 厘米　观复博物馆藏

也是寻求一种精神上的宁静。在很大程度上，我们的人生就是一种修炼，我们会一点一点地认识人生，一点一点地认识生命和死亡。

上面这个笔筒的题材叫“寿山福海”，上面画有五只蝙蝠，是指“五福”。中国人在漫长的封建社会中，无论处在什么样的朝代，都追求内心的一种幸福。这个幸福是多义的，衣食无忧、纸醉金迷不一定是幸福，有时候在贫困当中能获得一点儿满足也是一种幸福。每个人对幸福的理解都不一样。“五福”系列中说了人的长寿、富裕、健康、德行，最后说到人的善终。我们每一个人最终都会走到人生的终点，在这个终点回过头来看自己的人生，如果没有遗憾，那么最终就是幸福的，这就是我们提倡的善终。善终不能通过侥幸来获得，要依靠今生的好德、修行，还有内心的宁静。

1. 尽孝道是古代推举官员的一个最重要的考核条件，它始于什么朝代？

马未都评：在中国封建社会，干部制度一直是社会的第一制度，今天依然是这样。干部是整个社会的模范、标杆，全社会都要看干部的行为，所以干部决定了社会的整体风气。如果社会风气不好，从某种意义上讲就是干部的示范效应不好。古代对干部的要求非常非常高。汉武帝登基以后就迅速制定了一种制度——举孝廉。举孝廉制度是汉代一个非常好的干部制度，它对干部的第一要求就是孝，要尽孝道、尊重父母，在社会上起到一个表率作用。

举孝廉一开始是一个非常好的制度，它要求按比例在每20万户当中推举出一个人，要求此人德才兼备，具有良好的道德修养和知识修养。但在封建社会中，从某种角度来说，比较殷实的家庭才能有钱供子弟去学习，所以说那时候学习是很奢侈的行为，也就是说教育是不均衡的。在这种情况下，汉代的举孝廉制度逐渐发生了演变，即后来我们常说的裙带之风。一开始是看你的品质，后来就看你是不是有亲戚关系，就是利用了一些门阀、贵族之间的家庭关系，把很多人立为社会的标杆。

汉之后裙带之风非常严重，后来就催生了隋代以后的科举制。我一直认为，科举制度是中国封建社会最为优良的社会制度，它保证了全国各地向中央政府源源不断地输送干部和人才。在这种制度下，人的出身、背景、是否有钱都不重要，只要你通过了乡试、会试、殿试这三级考试，你就成了国家的栋梁之材。但在这个制度下，依然对孝道有严格的要求。人在晚年的时候一定是需要别人照顾的。从中国传统文化的角度来说，晚辈对长辈尽孝道一直是衡量人的第一标准。如果一个干部不尽孝道，在社会上不能做出示范，这个人即便通过了科举考试，也不能成为国家的干部。大家可以设想，一个人连对生他养他的父母都不好，他怎么能够公平地对待这个社会呢？这是我们社会对干部的一个最基本的要求。

2. 人们经常对老人说，要知足常乐、颐养天年，那么“天年”是多少年？

马未都评：所谓“天年”，是指上天给你的年限，它不是一个具体的数字。按照古人的理解，天年是自然的寿数，每个人的寿数长短不一，那么在你个人的条件下，能享受的这个时间就是天年。也就是说，当你善终时，就是享受了天年。

“天年”一词出自《庄子》，书中记载庄子进山伐木，看到一棵树枝繁叶茂，伐木者却没有砍。庄子就问他为什么，伐木者说“无所可用”，庄子就说“此木以不材得终其天年”，就是说这棵树因为材料不好用，所以没人砍伐它，它就能活到最终的这个年限。我们生活中有很多东西蕴含很深的道理。我们一般认为，一棵树长得笔管条直的，是极其有用之材，那它肯定被人砍伐了。这棵树长得虽然枝繁叶茂，但是它有空洞，可能歪七扭八的，没法用，砍伐者就不会去砍它，所以因为不材而得以享受天年。这就是庄子提出的“天年”的概念。我们今天总是要求自己身怀绝技，一定要是社会精英，一定要为社会做出巨大贡献，让万人注目，其实不一定是这样。做一个平平常常的人，一个在人海中微不足道的人，依然能够享受美好的生活，能够得以享受天年。

那么人在晚年时，如何做到颐养天年呢？我觉得调整心态最为重要，就是知足常乐。比如今天按照法律的规定，男子 60 岁、女子 55 岁就可以退休了，退休后就有一份退休金，理论上讲用这些钱过一份平静的生活应该是够的。但如果你去追求高消费，这事儿就有点离谱了。而你拿到这个钱，在家门口的菜市场想吃什么就吃什么、想买什么就买什么，这就是幸福。寿命最直接的影响因素是心情，凡是长寿的人一定是心态调整好的人，一定是无欲的人。一个人欲望过于强烈，心态没有调整好，就会严重地影响寿命。

3.“人固有一死，或重于泰山，或轻于鸿毛”，这句话最早出于谁的著作？

马未都评：这句话是司马迁说的。司马迁是汉代最伟大的史学家、文学家，著有《史记》，他在《报任安书》中说过“人固有一死，或重于泰山，或轻于鸿毛”。1944 年 9 月 8 日，毛主席在张思德同志的追悼会上做了《为人民服务》的演讲，当中就引用了这句话。

我们今天重提这句话，应该说还是很有现实意义的。我们每个人最终都要走向死亡，但每个人死的时候有其人生意义，毛主席后来对这句话做过解释：“为人民利益而死就比泰山还重，替法西斯卖力、替剥削人民和压迫人民的人去死，就比鸿毛还轻。”从这个解释中我们能看出，不论是古人还是今人，对这句话的理解就是生命的意义。

古玩门诊

古玩一

清晚期　素三彩鹦鹉摆件

这是一个素三彩的陈设品，造型是鹦鹉。鹦鹉不能像人那样表达感情，但它能够学人说话。实际上，中国人过去不是特别注重鹦鹉，因为我们的文化中认为鹦鹉是学舌的。唐代诗词《宫中词》里有一句著名的诗，叫“含情欲说宫中事，鹦鹉前头不敢言”，就是在鹦鹉面前不敢随便说，因为如果把这话传给皇上，可能命都丢了。但外国人比较喜欢鹦鹉，这件陈设品跟外国文化多少有点儿关系。18 世纪康乾盛世的时候，中国大量的陈设瓷运往欧洲，后来欧洲人就会选一些东西去定制，即他们喜欢什么、需要什么，我们就专门为他们去生产。到了 19 世纪末期，西方列强进入中国，对这样的摆设开始感兴趣，我们民间的窑口就开始注重烧这样的瓷器。

从某种意义来讲，这个素三彩就是一个绿彩，只有鹦鹉尾巴和腿有一点儿褐色。这是一件民间的瓷器，从胎土上可以看得很清楚，它不是景德镇的高岭土，而是一种很普通的、带有黏土性质的材质，所以这个东西敲起来声音不是很脆。上面还有两个小洞。所有空心的瓷器一定要预留一个洞，好让它在烧造当中把热气排出来。根据热胀冷缩原理，这是一个工艺的特点，也是一个缺陷。

这件东西应该是晚清的，大概在100年前，当时这类东西生产得很多。现在这些东西主要都出现在西方，因为西方人特别喜欢，作为一般人的家庭摆设。反倒是我们自己不多见，这个产品当时大部分是为了外销的，所以留在国内的并不多。

古玩二

金代　素三彩枕头

这件东西造型很有意思，对陶瓷不熟的人对这个造型就不太容易理解。它应该不是脉枕，因为脉枕没这么高。我认为它就是个枕头，是过去的陪葬品，给故去的人睡觉的。这个枕头的手感很轻，除了胎薄以外，还因为经过长年的存放，它就变得比较糠。

这也是素三彩，纹饰很细致，还有点洋。这是很典型的金代文物，从文物的角度来讲，它非常有价值，第一是品相非常完整，没有任何磕碰；第二是色泽很舒服，它不是后来我们能见到的明清瓷器的那种艳丽的漂亮，而是透着一种含蓄的漂亮，再加上它的纹饰很有特点，所以说它非常有美学价值。

古玩三

清道光　粉彩蝈蝈花卉纹碗

这个碗很漂亮，上面画有两只特别逼真的蝈蝈，跟真蝈蝈大小差不多，很生动；还有一组花卉，包括芙蓉花、菊花、牡丹花，看起来就有一股夏天之风。花的枝翻到内心就可以接上了，可见图案是一体的，这种画法叫“过墙”，是清雍正时期的一种创新画法。过墙花卉、过墙龙都是当时非常流行的，一直影响到清代中晚期。到了道光时期，这种画法反而变得很少。

为什么蝈蝈很容易在我们古代瓷器中，尤其是清代瓷器中入画呢？是因为中国文化认为蝈蝈代表官员，在吴语中，“蝈”和“官”读音非常接近，所以认为蝈蝈是官的代表。比如鸡冠花上画蝈蝈，也可以称为“官上加官”，就是说有官运亨通的意思。

这是一个典型的清道光时期的民窑碗，只不过画得非常精，首先是花口，凡是花口碗，它的装饰性都大于实用性。另外画有这种带有欣赏意味的纹饰，一般都是摆设用。但这个图案决定了它不是给宫廷定烧的，因为这种图案不是宫廷传统的图案，带有很强烈的民间色彩。底下的款识也写得非常工整。过去有一种说法叫“官古窑”，说的就是这类东西，即它虽然不是官窑，但是它的质量跟官窑的差距也不大。

百善为先说孝悌

中华民族有非常多的传统美德，它们是中华文化的精髓，也是先人留给我们为人处世的道德准则。接下来在“中华传统美德”系列，我们将分别讲述孝悌、忠信、礼智、仁义、廉耻这五大传统美德，本篇首先说的是孝悌。

“孝”很多人都熟悉，但是“悌”这个字今天几乎不用了，大家可能会生疏一些。孔子在《论语》中就说过：“入则孝，出则悌。”“入”是指回家，我们回家以后一定要孝顺父母，这是最重要的家庭伦理观念；“出”是指出门的时候，在外面要孝敬兄长。过去对长幼秩序是有严格规定的，这个秩序并不仅限于你的亲人之间——当然，亲人之间是第一关系，比如你有一个亲哥哥，那肯定是他说了算的。朋友之间也要按照这个制度，即谁年长一定要尊重谁。这就是我们过去的孝悌。

中国古代非常推崇孝悌文化，有很多相关的故事流传下来。大家最为熟悉的是木兰从军的故事。花木兰因为弟弟年幼不能从军，自己装扮成一个男孩去替父从军，这是尽孝。这样的故事本身并不是非常感人，感人的是它延续了社会的道德观——尽孝。

下页是一个清代的花瓶，上面画有九只羊，我们一般说“三阳开泰”，也说“九羊启泰”。这和“孝悌”的主题很有关系。古人对生活的观察非常仔细，发现小羊在喝奶的时候不是站着的，而是前腿跪着的，古人就认为这是孝的体现，是表示感谢父母的养育之情。古人还发现，乌鸦在老了的时候，小乌鸦就会衔食来喂养它，所以古人认为乌鸦有反哺之情。“羊有跪乳之恩，鸦有反哺之义”，这句话出自《增广贤文》，也

清代　粉彩山水九羊启泰纹瓶
高 38 厘米　观复博物馆藏

叫《增广昔时贤文》、《增广古今贤文》。这句话说的就是孝道，你要感恩你的父母，也要赡养你的父母。

其实在生活中，我们时时刻刻、到处都能感受到孝的存在，但我们自己能做多少呢？中华民族在历史上，尤其是儒家文化，非常尊重孝道。但是 100 多年以来，由于西方列强的侵略，以及我们自己对传统文化的漠视，我们今天对此十分淡漠，现在需要补上这一课。我们一直在提“伟大的民族复兴”，那么怎样复兴呢？就要从我做起，从孝道做起。让我们以孝安家，以孝立身，兄友弟恭，我们的生活一定会变得更加和美。

观复学堂

1. 孔子在《论语》中提到“树欲静而风不止”，那么下一句是什么？

马未都评：我们老说要尽孝道，但是尽孝道一定要有机会和能力，一个人在尽孝道时，各个阶段是不一样的。在你小的时候，你未必能做很多事情，但是你长大后可能就会做较多的事情。

孔子在《论语》中提到“树欲静而风不止，子欲养而亲不待”，这是什么意思呢？在我们能尽孝时，如果我们忽略了美好的时光，等到父母故去的时候就没有这个机会了。所以我们不要以为有朝一日再为双亲尽孝道，我们要时常想一想，他们是不是有这个时间等待。古人认为“父母在，不远游”，主要就是为了能够尽孝。只要父母双亲都在，那就不应该走得很远，而应该跟着父母一起。但是这种事情不是每个人都能做到的，迫于生活的压力、迫于社会的环境，很多人可能要远离父母，但是有机会一定要回家尽孝。过年过节的时候，你应该回去尽量为父母多做一些事情，给父母多一些心灵上的抚慰。这些都是尽孝道的行动。当然，我们在有能力的时候，尤其有经济能力的时候，应该更多地去帮助父母。电视上常能看到这样的事情，父母都非常年老了，子女成群却没有一个人赡养，因为子女之间都在钩心斗角，都觉得“这个事情他没有做，我凭什么去做”。我觉得尽孝首先一点就是不应该去比较，自己做自己的事情，不应该跟兄弟姐妹去比较。因为每个人的生活环境都不一样，每个人的条件都不一样，有的人可以出力，有的人可以出钱，所以我们不要求子女们都处在同一水平线上。对于我们这一代人来说，今天面临的就是这个问题。只希望每一个子女都能静下心来，只想一件事:“我应该做什么？”

2. 孔融让梨时是几岁？

马未都评：我们今天对“悌”这个概念不怎么熟悉了，因为现在独生子女太多，家里没有排行了。《三字经》上说“融四岁，能让梨”，就是说孔融 4 岁的时候就有谦让的举动了。孔融跟孔子是有亲缘关系的，他是孔子的第 20 世孙。他们家里有 7 个孩子，他排行老六。史书里记载，孔融小时候，在兄弟之间分梨的时候主动拿了一个小的，家长问他为什么这么做，他说因为他小，就应该拿一个小的。这样很简单的故事向后人昭示了什么是悌，悌就是要长幼有序。

孔融像

今天是因为太多的独生子女，不分排行，或者说即便不是独生子女，生活中物资都是充裕的，今天甭说吃梨，你吃什么都可以随便吃，就没有这个感受了。过去物资匮乏，兄弟之间的关系非常亲密，“打仗亲兄弟，上阵父子兵”说的就是这个意思，兄弟之间血浓于水，在最艰难困苦的时候，尤其是遇到危险的时候，一定是兄弟冲在前的。这是过去的一种文化，我们今天淡化了这种文化，因为家庭构成没有过去那么复杂了，但我们还是要强调人与人之间的关系。不管是否有血缘关系，我们都应该知道要长幼有序。

3. 我们常说的“二十四孝”的故事都有哪些?

马未都评：中国人把历史上有关孝道的所有故事都集中起来，按顺序编成了“二十四孝”，其中汇聚了很多人物故事，多数是汉唐以前的人。“二十四孝”是到了元朝才逐渐结集的，明清以后“二十四孝”的故事就非常普及了，产生了非常大的影响。

“二十四孝”的故事要全部背下来可能非常困难，但是我们应该知道一些。比如说“卧冰求鲤”，说的是晋朝人王祥，早年他母亲去世后，父亲又娶了一个妻子，继母对他非常不好，但是他对继母依然存着一份孝心。古人认为，只要这个人是你妈，不管是亲妈还是后妈，都一定要对她尊重。王祥继母得病的时候，医生说一定要用鲤鱼熬汤才能缓解病情，于是大冬天的，王祥毅然出了门。我们今天在冬天想吃鲤鱼是再简单不过的事情，跑到菜市场买一条就完了，但是过去不行，北方河流会结冰，在冰下怎么搞到鲤鱼呢？王祥就趴在冰上，把冰融化，然后就蹦出了两条鲤鱼，他就拎着鱼回家了。他父母深受感动，他的继母刚开始还以为他出去玩了，后来明白是错怪了他，从此以后就对他非常好，一家人其乐融融。这就是著名的“卧冰求鲤”的故事。这条河今天在山东，本来一条没有名气的河今天变得非常有名气，叫孝河。

清代 “卧冰求鲤”压石
长 26 厘米 观复博物馆藏

这是一个普通的北方山西地区用的席镇，也叫压石。这种东西过去在北方的大炕上经常可以见到。图案是一个人躺着，枕着一条鲤鱼。这就是上面讲的“卧冰求鲤”的故事。冰面已经破裂了，一条鲤鱼已经跳出了水面。王祥枕在上面，看上去很高兴的样子。卧冰求鲤的图案有很多，这是其中一款。我们民间把这样一个美好的故事做成工艺品，在生活中用来宣传孝道。

湖北有个孝感市，这个地方古代叫槐荫，因为董永卖身葬父感动了七仙女，所以这个地方就由槐荫改为孝感，这个故事就叫“孝感动天”。

还有个故事叫“涤亲溺器”，说的是北宋著名诗人、书法家黄庭坚，他这么大学问、这么高的身份，每天都为他的老母亲刷尿盆。今天这也不是每一个子女都能做到的。现在到医院去看，父母一住院，做子女的马上请个护工，可能我们有时候不觉得这涉及孝道的问题。黄庭坚每天都要亲自为母亲做这些所谓的琐事，但他其实是在尽孝道。我们尽孝道的方式很多，所以在中国“二十四孝”里，黄庭坚“涤亲溺器”占有一席。

古玩门诊

古玩一

民国　花卉文字纹水丞

这是个水丞，尺寸比笔洗要小，里头是装水的，旁边有个小勺，可以抠一点水到砚台上研墨。上面的图案画得非常精细，有竹子、菊花、天竺，还有一只狗，看着有点儿像猎犬，跟郎世宁画的猎犬非常相像。有两行诗：“勇气潜群魄，神情慕雅人。”还盖有章，是八卦中的乾卦，底下写个“隆”字，旁边还有个画押，这个风格非常像郎世宁画的，洋味十足。底下写着“乾隆年制”款，瓷质非常洁白。

但这件水丞不是清朝的，而是民国的。为什么这么说呢？清代的时候，除了皇宫里的人，百姓是没有机会进皇宫的。珐琅彩有两类，高级的一类都是先在景德镇烧素胎，然后拿到北京故宫里画后烧制。康熙、雍正、乾隆三朝，珐琅彩烧好了以后从来没出过宫，宫外的人没有机会看，宫内的人也只有极少数的人可以看到。要知道那个时代是没有照相设备的，尽管照相机在清中后期发明了，但不是每个人都能够照的。再说那时候照片也不是彩色的，又没有摄像设备，所以图像是带不出来的。就算看到了能跟人说，但不可能说清楚，也不能复原。所以在这种情况下，没有人能复制。

清朝灭亡以后，1925年成立了故宫博物院。故宫博物院打开了宫门，向社会开放，这时候社会上很多人才看到了真正意义上的珐琅彩。民国时期大量的珐琅彩的仿品，都是这个时候出现的。

不幸的是，这个水丞有一块磕碰。这么精致的一件瓷器，传了四代人就破了一块，所以文物一定要好好保护。

古玩二

清中期　均红釉瓶

这是一个清代中期的均红釉，大约是在清乾隆后期到嘉庆时期，距今也有200年了。这件东西红色非常饱满，到了清代康乾盛世的时候，景德镇烧造任何红釉都绰绰有余。最有名的是郎窑红，其次是霁红。之后出现的低温红釉，比如珊瑚红、胭脂红，就有很多种了，还包括著名的豇豆红。其中有一款红釉非常红，就是这种“均红”，玻璃感很强。从某种意义上讲，它带有窑变红釉的特征。

它的底足旋痕非常平整，当时烧的时候釉流下来，粘在窑具上。在乾隆以前，这个问题都能解决，能控制得很好；乾隆后期到嘉庆、道光时期，红釉虽然也能烧得很漂亮，但是往往控制不住就粘在窑具上了。烧完以后把底足清理一下，然后磨制一下，就出现了这种磨过的痕迹。

古玩三

清乾隆　青白玉鹅形摆件

这是一个清乾隆鼎盛时期的青白玉摆件，距今大概有240年了。雕工非常精细，就是所谓的乾隆工。雕的是一只鹅带着两只小鹅，表现了一个其乐融融的家庭。鹅叼着一朵荷花，边上还有荷叶。从鹅的雕刻可以看出，它是在以很快的速度滑行。底下旋涡状的水波纹，也雕刻得比较精细。

鹅在中国文化中占有一席，比如我们知道得最多的故事是羲之爱鹅。晋代王羲之非常喜欢鹅，谁来要他的字他都不卖，唯独有人拿鹅可以来换。还有唐代骆宾王在他7岁的时候所作的《咏鹅》：“鹅、鹅、鹅，曲项向天歌。白毛浮绿水，红掌拨清波。”

这件东西底下做成水波纹是为了防滑，摆在桌子上会非常稳。这个尺度也非常好，可以一把抓着它，重量也很合适。过去就是用它作文房用具的镇纸，不仅可以压住纸，还体现了一种人文情怀。

立国立身说忠信

这一篇继续我们“中华传统美德”系列，来说说“忠信”。我们一般感觉“忠信”二字搭配出现时，通常是用在君臣关系上，意味着一种下级对上级的道德规范。所以今天提这个词不是很多，但实际生活中这种事情并不少见。

中国人过去很讲究忠诚，但后来在很长的一段时间内，我们对“忠”都持批判态度，比如我们经常提一个词叫“愚忠”，就是说“忠”是分三六九等的。在这种情况下，我们对忠诚就逐渐地淡漠了。其实中国传统文化非常强调忠诚，首先是臣子对天子的忠诚，我们今天不像古代那样要求了，但是一定要强调生活中遇到事情要忠于它。

第二是“信”，我们今天老说“诚信”。人的信誉是第一重要的，它是立国之本、立家之本、立人之本。我们今天在生活中经常碰到这种失信的事，会非常苦恼，以至于不愿意相信任何人，连物都不敢相信了。比如说买来的奶粉、猪肉等等，我们都怀疑里头是不是有不良成分。在生活中“忠信”被破坏得很严重，所以我们今天要重新提起中华民族的美德。

这是一件清中期的大瓶，画的是一个非常有意思的画面——穆桂英挂帅。中间这个人物是杨排风，右手拿着一根烧火棍子，左手拿一个扇子，相当于一种图解，表示排风，画者生怕人家不知道她是谁，所以就弄了个扇子来表示她的身份。这个故事发生在北宋中叶，北宋跟辽国打仗，杨家当时老的老、小的小，已经没有战斗能力了，但是穆桂英不计前嫌重新挂帅，带领了一帮女将（包括杨排风）冲杀到战场上去。这就

清乾隆　粉彩人物故事纹夔耳大瓶
高 61.2 厘米　观复博物馆藏

粉彩人物故事纹夔耳大瓶（细节图）

是我们今天在影视剧中经常看到的场面。杨排风被任命为征西先锋将军，女将出征表现的是一个人对民族、对国家的忠诚。弱小的女子也能为国家承担重任，也能向国家表示忠心。宋朝本身是一个崇文抑武的时代，在这种情况下，女子替男子出征，从文学的角度来讲能够给人以强烈的印象。

下页是一个寿山石的方笔筒，从侧面看它不是正方的，而是长方的。这种造型在清雍正年间最为流行，纹饰也是雍正到乾隆时期非常流

清早期　寿山石雕一品当朝诗文方笔筒
高 11.4 厘米　观复博物馆藏

行的，画的是“一品当朝”，仙鹤是文官的象征。岳飞是中国历史上有名的武臣，文天祥是非常著名的文臣，在文武之间，对忠诚的要求是一致的，所以就有了岳飞的“精忠报国”，就有了文天祥的“留取丹心照汗青”。过去的文人认为，从忠诚国家的角度来讲，一定要做到“文臣不爱钱，武将不怕死”。这是一个极高的社会要求，我们今天又有多少人能做到呢？如果我们国家遭到别国的侵略，我们有多少人能够拿起枪来，不惜自己的生命保护这个国家，对国家尽忠呢？当社会呈现安宁之象的时候，我们又有多少人能够在金钱面前表示对国家的忠诚不贪不腐呢？这些问题我们今天的人需要更深层地去思考。

观复学堂

1.《宋史》中记载的岳飞背后文身的内容是什么？

马未都评：岳飞是我们的民族英雄，“岳母刺字”的故事可谓妇孺皆知。我们从文学作品中或者从一些影视作品中能看到，岳母在岳飞背后刺了四个字——精忠报国，但是《宋史》中记载的却是“尽忠报国”。从字面意思上讲，“尽忠报国”比“精忠报国”更为准确，更有力量。文学的力量应该说是很大的，从某种角度来讲，这么多年来我们很多人都被误导了，这就是为什么我们需要读史书的原因。

我们说有些“忠”是“愚忠”，但对国家的忠诚没有愚忠和不愚忠之分。如果对于忠诚国家的行为还要去算计，那

南宋 岳飞像

就不能证明你是真正的忠。这些年对文化的批判中，我们经常可以听到“愚忠”，实际上是一些人的借口，忠诚就是忠诚，不要再去分辨是不是愚忠。像岳飞这样的民族英雄，我们国家不论到什么时候都要去纪念他。他在当时的非常时期表示出来对国家的一片忠心，虽然最后被奸人所害，但实际上他是为这个国家尽了忠。

苏武牧羊的故事我们也都耳熟能详了。苏武被汉朝廷派去出使匈奴，后来被俘，他的副将投降了，但是苏武本人誓死不降。他就被匈奴流放到很荒凉的地方，就是今天的俄罗斯贝加尔湖区域。史书上说他 19 年不改初衷，噬雪吞毡，天天放羊，过着非常艰苦的生活。一直到匈奴跟汉和好，他才被放回来。苏武后来活到 80 多岁，他的高寿正是由于他有一个顽强的信念，就是对朝廷的忠诚。今天我们不要去分辨那是一个什么样的朝廷，只要看他的行为是不是我们一般人能做到的。19 年的时间对于人的一生来说是非常长的时光。一个人孤独地在那么遥远的北方地区，过着那样艰苦的生活，还能不改初衷，表示他对汉政权的忠诚，所以他的英名被载入史册。

我们还经常听到一句话叫“忠孝不能两全”，当忠和孝发生冲突的时候，二者是不能兼顾的。但是古人认为当这二者冲突而不能两全时，一定是忠在前、孝在后，不能因为尽孝（一般都是家庭之事）而耽误尽忠（国家之事），就是要先对国家承担责任。

2.“立木取信”是关于谁的典故？

马未都评：“立木取信”说的是商鞅变法的故事。关于商鞅变法，对历史有所了解的人应该都比较清楚。我们知道，当一个社会实行变法的时候，它会对习以为常的事情产生怀疑。那么怎样取信于民呢？商鞅在变法的时候发告示说，在咸阳南门设立了一根圆木，谁能把它扛到北门去，就给谁 10 两黄金。全社会的人都看着，觉得天下没有这样的好事，没有一个人相信，所以没有人去动这根木头。于是商鞅就把赏金提高到50两黄金，终于有一个胆大的百姓出来说，甭管真的假的，不就是费点儿力气嘛，然后就把那根木头扛过去了。商鞅立刻就赏了他50两黄金，表示“言必信”。我们过去老说“言必信，行必果”，就是说话一定要有信誉，行动一定要有结果。通过这件事，商鞅后来颁发的所有法令都非常有信誉，这就是商鞅变法中“立木取信”的故事。

可是现代，我们遭遇到一个诚信危机，谁说了都不算数，我们似乎很难去相信任何人。有时候我们甚至有这样一种心理，即相信别人似乎是自己愚蠢。为什么会造成这种局面，又该怎样改变呢？首先，我们每个人都应该知道，社会上所有法令的颁布都是非常严肃的事情，古人说不能朝令夕改，早上发一个指示，晚上就说要重来，那样肯定是不行的。取信于民的首要前提就是社会的公平。那么从法律上讲，这是一个管制社会的层面；从经济上讲，比如定价系统、商品质量系统，都是取信于人的第一原则。如果做不到这一点，那就会价钱一会儿一变，质量忽高忽低。现在有的商品价钱倒是没变，但分量减少，这都属于欺骗于民，而不是取信于民。所以在生活中，如果大家都不再想信誉这个事，那就表明我们这个国家真正有信誉了。

3.“人生自古谁无死，留取丹心照汗青”是谁说的话？

马未都评：中国历史上有很多人物都是忠信的典范。有些人物深入民间，也留下了一些优美的文学词句。文天祥是中国历史上很有气节的文臣，他是南宋末年的状元。题中这两句话我想大部分中国人都知道，只是不一定清楚是在什么情况下说出来的。文天祥被俘以后，写下了著名的《过零丁洋》：“辛苦遭逢起一经，干戈寥落四周星。山河破碎风飘絮，身世浮沉雨打萍。惶恐滩头说惶恐，零丁洋里叹零丁。人生自古谁无死，留取丹心照汗青。”这也是文天祥最著名的一首诗，描写了他刚被

南宋　文天祥像

俘时的心境，“山河破碎风飘絮，身世浮沉雨打萍”是他当时的人生境界。一个状元，还是宰相，这么高的身份做了俘虏，就像雨中的浮萍一样没有定数。

“人生自古谁无死，留取丹心照汗青”，这是他忠心的表达。“汗青”二字该怎么解释呢？过去古人是在竹简上写字的，“汗青”就是指竹子。青竹子在书写的时候必须要经过火烤，一是去水分，另外也防虫蛀。在烤青竹子的时候，竹子就出汗，所以叫“汗青”。“留取丹心照汗青”的意思就是，我的一片忠心最终将写入史册。

其实在我们的社会中，忠诚体现在时时处处，大到国家，小到单位。你是这个国家、民族的一分子，对国家、对民族就要忠诚。在历史上，一个人叛变国家是最可耻的行为，所以我们今天把国家提到最前面。如果在一个单位，你对这个单位也应该是忠诚的。有人说：“我就拿一份工资，凭什么对它忠诚？”其实这是一个文化层次的要求，即督促自身能够做到这一点。

古玩门诊

古玩一

清中期　沉香木和合二仙摆件

这是个木质摆件，分量之轻超出我们的想象。这就是沉香，现在有很多人做沉香的手串。如果习惯了闻沉香这个味道，你会觉得这个味道让人宁静，跟一般我们点的香或香水那味儿都有很大的不同。这上面有两个人，一人捧着荷花，另一人捧着盒子，就是“和合二仙”，即寒山和拾得。

我们今天一直在提倡社会和谐，古代也同样提倡。理论上讲，生活中的矛盾是非常多的，我们怎样从矛盾中找到一个平衡点呢？首先都是自己内心愿意找到这个结合点，然后才能够使整个社会达到和谐。

这件东西上面人物的形态跟清代中期的特征非常吻合，有200年历史了。气味闻着依然很舒服。如果长期摆在外面，它的气味就会散发得快；如果搁在一个盒子里，它就会散发得慢。有什么不舒服或心里想不开的时候，就把这件东西拿来搁在床头，一边闻着味，一边想着人家“和合二仙”，这事儿就想开了。

古玩二

清雍正　鳝鱼黄釉壶

这是一把清雍正时期的官窑壶。它跟我们常见的茶壶有一点不同，就是它比较扁，容量相对比较小，这种壶过去都是自斟自饮的。壶的造型是雍正年间的，品种是茶叶末釉，这是雍正时期创烧的一种釉色。当时趋向于黄色的一般都叫鳝鱼黄，趋向于青色的一般都叫蟹甲青，而这件东西实际上介于鳝鱼黄和蟹甲青之间，所以叫它什么都可以。

这个壶造型做得非常饱满优美，别看这么小的一个壶，做得非常大气。底下写着“雍正年制”的款，写得非常工整，是刻出来的。这一圈深褐色的釉是雍正时期的工艺所致，做得非常规矩，稍微有一点儿磕碰。这点磕碰恰恰让我们看到了它的胎质是白胎。

壶身和壶盖儿稍稍有一点儿色差。我们烧造瓷器的时候，每件东西摆放的位置是不一样的，壶盖儿不可以盖在上面去烧，它一定是单烧的。单烧的情况下，即便这两件东西搁在一个匣钵里，挨着摆放都可能有温差，而差上几度就可能有色差，这就是瓷器经常有色差的原因。

古玩三

清中期　黄地绿釉龙凤纹碗

这件东西非常少见，我们一般查陶瓷图谱都非常难碰到。它上面提供了大量的信息。先从碗心看起，碗心画了一个山水图片，中间站了一只羊，这种画法一看就是清中期的。再来看它的边饰，碗口和底下这两道边饰都是乾隆时期民窑中最愿意画的，主体图案是一龙一凤，边饰、碗心的内容，还有龙凤的形象都非常吻合。这件东西从造型、瓷艺、釉色以及纹样来看，肯定都跟我们中国是有关系的。

问题唯独出在底款上，首先是这个字非常不清楚，印章盖得非常轻，再就是它下面这个单蓝圈是顶住圈足画的，这在我们传统的工艺中是没有的，通常是画在中间。

我怀疑这件东西是当时日本工匠跑到景德镇做的。日本的工匠在晚明、清朝盛世的时候都来中国学习，把我们很多技术带走了。我们那时候技术也不保密，但是这个单圈和印章留下了日本文化的一个特征。今天如果我们有机会到日本去，可以看到当时很多瓷器跟我们中国的瓷器很接近。

是非辞让话礼智

中国自古以来就是礼仪之邦，在经济飞速发展、物质条件丰富的今天，人们的生活发生了很大的变化，同时更加渴望精神上的安宁。本篇就来讲讲“中华传统美德”系列之礼智。

“礼智”二字该如何理解呢？用今天的大白话来说，“礼”主要是礼貌谦让，要知道社会上长幼有序；“智”是开发心智、明辨是非，我们在生活中要不断学习，智的开发就是学习的过程。礼智在中国传统美德中非常重要，很多文物都能体现出中国古代人的敬礼明智之心。

这是一只清雍正年间的粉彩山水将军罐，“智者乐水，仁者乐山”，山水都包括其中了。智为什么要用流动的水来表示呢？因为智者头脑里

清雍正　粉彩山水纹将军罐
高 45.5 厘米　观复博物馆藏

清乾隆　白玉鹅形坠
长 8.5 厘米　观复博物馆藏

西汉　彩绘云气纹羽觞杯
长 15.9 厘米　观复博物馆藏

像一条流动的河，是在不停地思考的，这是一种动态思考状态，所以说“智者乐水”。“仁者乐山”是因为仁者有了这种信仰以后就像山一样不能轻易被撼动。

上图是一个乾隆时期的白玉鹅形坠，羊脂白玉，非常纯净，形态也非常憨厚。荀子认为玉是礼的化身，因为“垂之如坠”，它垂着像一个坠儿，这个姿态是人的礼仪姿态——稳重而有规则。

下面是一组羽觞杯，至少汉代以前中国人都是用它来饮酒的。那么它能怎样表现礼智呢？这种饮酒的方式跟今天有点儿不同，古人是双手执杯，这种杯子一边一个耳，所以叫耳杯。今天大部分中国人都是单手执杯，从礼仪上讲就低了一层，所以今天在郑重的场合，或者说晚辈祝长辈、员工祝领导的时候，往往是另外一只手托住杯子，这就是我们过去双手执杯礼仪的残留。我们从一件小事说到礼仪，是想让大家知道过去中国人的礼仪就是从小事做起。我们今天仍然应该从小事做起。再来说“智”。这种耳杯叫“觞”，李白有诗“金陵子弟来相送，欲行不行各尽觞”，就是送别的时候，走的人和留下来的人都把杯中酒喝尽。古人发明了这样一种羽觞，也正是他们的智慧所在。这种智慧运用到生活当中，就变成了一种礼仪。

1.“知书达礼”，是知什么书、达什么礼？

马未都评：过去在没有文字的情况下，传播知识主要是靠口授，以及人与人之间的沟通。进入文明时代出现了文字以后，知识就可以通过书本向下传递。

我们经常说一个人“知书达礼”，但很少深究这句话的明确所指。“知书达礼”的“书”是指“四书”——《论语》、《孟子》、《大学》和《中庸》，“礼”是《礼记》。过去，“四书五经”对于儒家学者来说都是必读书。我们今天没有要求全社会去读这些，九年义务教育中对“四书五经”只做了一个最简单的介绍，但这不代表我们放弃了这种文化原则。今天中国的文化原则都是在“四书五经”下形成的原则——仁义礼智。“礼”是说人应该有辞让之感，整个社会是谦让的，什么事谁优先、谁在后，大家心里很清楚。“智”是说人有是非之心，心智成熟。我们学习的就是明辨是非，不要是非不分。今天有很多年轻人是非不分，在新闻媒体、网络上经常可以看到很多丑恶的现象，其中有的涉及成年人，也有很多是未成年人，就是因为他们心智未开，不知什么是善行、什么是恶行，所以才把恶行当作善行。

2.“智者乐水，仁者乐山”，这句话是谁说的呢？

马未都评：我们开发心智是通过一点一滴的学习积累的，

有形象思维的训练，比如语文；也有抽象思维的训练，比如数学、物理，这些都是思维方式训练。古人不像现在这样分科这么细，他们对学习过程的认定跟今天有点儿不同。

“智者乐水，仁者乐山”是先贤孔子说的。他的原话是“知者乐水，仁者乐山；知者动，仁者静；知者乐，仁者寿”，用了一个很形象的比喻来阐释对智和仁的理解。孔子是中国历史上最伟大的思想家，他提倡“有教无类”，即我在教育的时候，不分底下是什么人，谁都可以来听，你能听懂多少就吸收多少。

“智者乐水”，是说智者就跟水一样。前面说过，我们的思维都是流动的，跟水流一样，想问题的时候脑子有时候会飘出去，有时候会拽回来；每个人听讲的时候也是这样，可能听进去了，也可能脑子里在想别的。“仁者乐山”，是说当你建立了一个信念的时候，一定是像山一样坚定。我们今天在社会上反复提倡仁与爱，就是因为现在社会太缺乏这些了。所以我们今天要反复去提及这些，是希望我们的民族能够重新凝聚我们的思想，强健我们的肌体。

今天每个家长，无论社会地位高低，无论财富资产多寡，都对孩子抱有极大的希望。这同样也是全社会的希望。但是要知道，在教育孩子掌握知识的时候，必须有一个大前提，那就是道德修养。人首先要有道德修养，其次才是掌握知识。由于今天的应试制度，迫使很多人走进了一个毫无情感的通道，我还是希望能够在道德约束的前提下，发挥每个孩子的心智。

3. 历史上的“礼崩乐坏”发生在什么时期？

马未都评：“礼崩乐坏”发生在周代，周代分西周和东周，东周又分春秋和战国。春秋战国时期，正是孔子生活的那个时期。孔子一直对“礼崩乐坏”忧心忡忡，这里的“礼”是在西周形成的“周礼”。孔子一直说“克己复礼”，就是说我们要克制自己，恢复周礼。

周朝可以说是中国历史上最长的朝代之一，有将近800年的历史。西周的文化和经济非常发达，但是到了东周，到了春秋战国时期，社会开始动荡，先后出现了“春秋五霸”、“战国七雄”，而动荡会使一个社会礼崩乐坏。我们新中国成立以后出生的这代人，就能够感受到当时社会那种礼崩乐坏的状态。在我年轻的时候，社会的秩序被破坏得非常厉害，跟今天相比完全是混乱的，谁都可以闯入另外一个人的家里去抄家。这在今天是不可能的，今天有法制管着。而孔子那个时代正好赶上春秋战国时期，孔子提出要“克己复礼”。今天提到的“四书五经”——《论语》、《孟子》、《大学》、《中庸》，《诗》、《书》、《礼》、《易》、《春秋》（包括已经遗失的《乐经》）——都是这个时期先贤的著作。这么多著作都产生于这个时期，可见古人也不是一天把这些事完成的，而是用了长达几百年的时间才完成社会制度的设置。

所有社会制度的实行，很重要的一点是要坚守。生活中也是这样，不管家庭、学校、工作单位定了什么样的规矩，在实施当中往往都是一开始严格，而后越来越松懈。所以古人就要求在制度的设置当中，最重要的一点是执行。礼也是这样，“周礼”刚开始形成的时候非常严格，所有人的礼仪制度，包括走道先迈哪条腿、后迈哪条腿，以及着装、说话、称呼别人，这些都是有规范的。但是随着社会的发展，这些规范就一点一点地丢失了。所以一个人在今天的社会上，要坚守自己定下的规矩非常不容易。

古玩门诊

古玩一

清道光　舟形核雕摆件

这是一个橄榄核的微雕，雕的是过去南方乌篷船的样子。乌篷船鲁迅先生在小说中写到过，这些年看不到了。著名的《核舟记》是明晚期的作品，当时对核舟有很具体的描写。为什么这个文章出现在明晚期呢？是因为明朝的时候江南富庶地区的手工业非常发达，那时的很多工艺品开始带人名，比如时大彬的紫砂壶、江千里的螺钿、周翥的百宝嵌、张鸣岐的手炉等等，《核舟记》的出现也就不足为奇了。

这个核舟雕刻得非常精美。近距离能看得很清楚，船上的窗户都是能开合的，一个窗户有两扇，八扇窗户都可以打开。上面的席纹都雕得很精致，人物也生动至极。摆件后面有款，刻的是“谷生老人”。谷生老人姓湛，身怀雕刻绝技，是清中晚期人，这件作品应该就是那个时期的。要知道，果核都非常坚硬，太硬就容易打滑，稍微一打滑，一刀划坏就算刻坏了，因此果核非常难雕。那么谷生老人是怎么雕的呢？他每天早上一起床，先把核含在嘴里，跟谁也不说话；等到把核含软了，太阳也升起来了，就在强光下雕刻，一直忙到太阳下山。现在有案可查的他的作品只有十几件，不算太多，台北故宫博物院藏的那一件是非常有名的。

微雕这种东西容易被我们所忽略，因为当把它放大成很大的一张图时，我们不会觉得它有什么；而如果是按原来大小印出来又特别小，你看不清楚就过去了。这是中国人的微雕，是单独的一科。中华文化有多个层面，我们看到的经常是很壮观的一面，但是这个微雕能体现中国人的心智，这一点非常难得。

古玩二

南宋末年　龙泉窑青釉双鱼纹洗

这是个青瓷小盘，形状有点儿像折沿盆。这件东西是龙泉窑，大约在南宋末年、元代初年。上面的鱼纹非常具象，这种鱼是南方的鱼，因为龙泉是南方窑口。每个时代、每个地区的鱼都不太一样，南方的鱼比北方的鱼要瘦，因为总在游动当中。元青花上画的很多鱼在北方的江河中根本看不到，只有到景德镇的昌江才能看到。这上面的鱼也是，尾巴比较大，很坚挺，表明它游动速度快。这种风格是南宋后期到元代非常流行的，也叫双鱼洗。尽管有残损，但还是非常有价值的文物。

清晚期　象牙龙纹佩

古玩三

这是一个象牙牌。凡是讲到象牙、犀角的时候，我们都要提一句话，大象已被全世界列为濒危物种、受到国际公约保护。如果象牙制品是新的，一律严格禁止贸易，但是作为古代艺术品是可以收藏的。今天在地球上很难看到成群的大象了，它是我们陆生的最大动物，一旦大象消失了，我们就再也看不到体积这么庞大的动物了。现在大象的存世量非常少，所以我们一定要保护大象。

象牙牌也叫象牙佩，可以随身携带。这个藏品的牙质非常好，从其交叉的牙纹来看，这是幼象象牙，不像老象的牙纹那样致密。两侧雕的纹饰几乎一致，是海水龙，即用海水铺地，有龙跃在海水之上。从纹饰上非常容易判断这件东西是清代晚期的，这样精致的牙牌并不是很多见。

蹈仁履义说仁义

“仁”是中国儒家文化中内容最广泛的道德范畴，《说文解字》中的解释是“亲也”，《中庸》中也说“仁者人也，亲亲为大”，就是人和人之间很亲的关系。这种关系如何真正地深入每一个人的心中，这是儒家文化最关心的。“义”字最早是指威仪，指人的礼仪，后来演化成人的情义，比如我们常说一个人有情有义，其中“义”就是人和人之间的情义，它在仁的基础上可以引申，所以“仁义”二字经常一起出现。

如果我们说一个人不仁不义，那就说明这个人的思想道德有问题，不值得跟他做朋友；如果说一个人大仁大义，就说明这个人道德品格高尚，值得人们尊重、敬爱。“仁义”二字合在一起，就有很强的道德力量。

我们从很多文物上都能感受到古人的人心所向——仁义。这是一对清代乾隆年间宫廷所使用的蜡烛，其奢华程度远远高于一般民间用具。李商隐有句很著名的诗叫“春蚕到死丝方尽，蜡炬成灰泪始干”。我们今天最常见的蜡烛，中间是一根棉绳的捻，过去叫“洋蜡”，是外国人教给我们的。中国古代的蜡中间不是一根棉线，而是一根空心的芦苇。因为过去的蜡台钎子很粗，如果是今天这种蜡，中间没有缝隙，往上一插蜡就碎了。而中间空心的蜡插在上面就很稳，在燃烧过程中，中间的这根芦苇会烧出来灰烬，所以说“蜡炬成灰泪始干”。古人赋予蜡烛很高的褒奖，认为蜡烛是燃烧自己照亮别人，从这个角度来讲，它表明了一种精神。

孔子曾对“仁”这个抽象的概念做过形象的总结——“智者乐水，仁者乐山”。这是一个山水纹笔筒，既有山又有水。为什么把仁者比喻为

清乾隆　双龙戏珠纹红蜡烛一对
高 21.1 厘米　观复博物馆藏

清乾隆　景泰蓝烛台一对
高 25 厘米　观复博物馆藏

清康熙　青花山水人物纹笔筒
口径 18.6 厘米　观复博物馆藏

山呢？因为山是一个客观存在，对人来说是一个高大威猛的形象。我们老说某人像山峰一样挺立着，就是说他的形象高大。今天每个人都希望自己内心是强大的，希望自己做到仁者无敌。我们并不是要跟人家去争斗，而是在今天这样纷杂的社会中，把握自己的情操，然后去帮助他人，做一个有益于人民的人，让我们人与人之间的相处更加融洽和谐——这就是古代先贤孔子向我们提出的一个标准，这个标准就是“仁”。

1.“仁”即“仁爱”，这个观点是谁提出的？

马未都评：中国人经常说释道儒三教，也可以说是佛道儒，它们对中国人影响至深，尤其是儒家学说。不管你喜欢与否，儒家学说都影响了每一个中国人，影响了我们两千多年的文明史。

儒家学派的创始人孔子是鲁国人，即今天的山东人，他生于2 500年前的春秋末期，为我们创造了这样一个伟大的理论，我们正是依这种理论而生存的。孔子有很多很生动的教例，他经常用生活中的小事来教育我们。比如孔子说“朝闻道，夕死可矣”，就是说如果你早晨明白一个很深刻的道理，那么晚上死了都无怨无悔了，可见道理的重要性。我们的人生实际上是在寻求一个道理。但不是每个人都懂这个道理的，不是每个人都知道道理在生活中的应用。

孔子还说过“刚、毅、木、讷，近仁”，就是说你的刚强、坚毅、质朴、慎言，这些都近乎仁。“仁”的范畴非常大，孔子将其联系到个人的脾气和秉性，比如有的人快人快语，有的人慢慢腾腾。古人强调“敏于行而讷于言”，就是说说话一定要多加思考，因为说出去的话收不回来。我们总认为生活中说话急躁的人很容易得罪人，就是不动脑子而直接把话说出去，说出去以后自己就后悔了，所以说话办事一定要注意。

“己所不欲，勿施于人”也是孔子非常重要的思想，其实这个道理很简单。自己都不需要的东西，为什么非要强迫别人要呢？孔子就用了一个很朴素的观点来教育每一个人：我们自己喜欢，才能去传播这件事；自己不需要，却硬要别人去接受这个思想，那肯定会闹不愉快的。

2.“仁者无敌”的观点出自哪里？

马未都评：生活中我们经常会碰到一些自我不能调节的事情，那就要学习，而且是学习一种非常深奥的理论——“仁”。“仁”是一种很抽象的理论，老百姓往往都不能够理解，于是古代的先哲就不断解释“仁”的含义。

“仁者无敌”就是孟子对孔子理论的一种解释。孔孟之道是儒家最重要的理论，孟子继承了孔子“仁者爱人”的思想，又将“仁”的理念发展为治国之方。梁惠王在向孟子请教如何为政时说：魏国一度在天下称强，可到了我这时候，在东边被齐国打败，大儿子也死了，在西边割了七百里土地给秦国，南边又受楚国的侮辱，我为这些事感到非常羞愧，希望为所有的死难者报仇雪恨，我要怎么做才能实现愿望呢？面对梁惠王的问题，孟子给出的建议浓缩成四个字就是“仁者无敌”，包含了孟子治国之策的核心理念。

为什么“仁者无敌”呢？孟子对梁惠王说，如果能轻税赋、轻刑法，希望天下太平，所有的事情都做得非常仁爱，那就没有敌人了。“仁者无敌”是一种内心的感受。很多人其实不太注重自己内心的感受。“无敌”并不是社会对你的判断，有可能在别人看来你是一个弱者，认为你是可以欺负的，但你怀着这种仁爱的思想，觉得自己内心是强大的，这就是“无敌”，是一种内心的无敌。这种概念之强大远远超出生理上的无敌。我们不是跟人家打斗，而是跟人家拼一拼思想的富有。只有当我们以先哲的思想充实自己的时候，才知道这个社会有多美好，尤其不在乎社会是什么状态，社会是歌舞升平还是战火纷飞，都不影响仁者对自身的修炼。

3.“仁至义尽”这个词最早是指什么东西?

马未都评：“仁至义尽”是形容一个人的善意和帮助做到了最大化，它最早指的是蜡烛。《礼记》中有记载称“蜡之祭，仁之至，义之尽也”，就是用蜡来做祭祀。蜡烛燃烧自己照亮别人，我们生活中很难找到类似的东西。在古代没有电的环境下，在漆黑的夜晚，怎么能看见东西呢?可以点燃一根蜡。古人很善于观察和总结，发现蜡是一点一点地在燃烧的，燃烧自己照亮别人，做到了“仁至义尽”，所以古人就把“仁”、“义”跟蜡紧密联系在一起。

古玩门诊

古玩一

汉代　羽觞杯

这是一组漆器羽觞杯，是古人用来喝酒的，“曲水流觞”说的就是这种杯。因为它是木质的，非常轻，所以可以在水上漂。羽觞杯还有瓷的，我也见过有玉的。

这套东西是汉朝的，唯一的不足是保护得不好，漆皮都暴起来了。漆器有干坑的，也有湿坑的。干坑的漆器出土后问题不大；湿坑的一出土就要脱水，这一脱水，有的就皱起来了，有的连形都没了，慢慢就全碎了，成了一把渣子。现在的科技足以让它脱水而不变形，非常完整，不会成为皱皱的样子。

羽觞杯跟我们的饮酒文化有很大关系，也传递出中国饮酒文化中很重要的一点。古代人是双手执杯，以表示一种敬意。如果读者感兴趣，可以把唐诗中凡是带“觞”字的诗句都找出来读一读，就知道古人在饮酒中寄托了多少情感。

古玩二

清乾隆　酱釉鹅蛋小罐

这件东西很有意思，造型像个蛋，过去说鸭蛋小罐、鹅蛋小罐，说的就是这种东西。它底部特别明确了时期，颜色是一种收敛的颜色，学名叫“酱釉”，好听一点儿的名字叫“紫金釉”。明以后历朝历代都在烧酱釉，但烧的量都不大，尤其是官窑。酱釉的颜色（包括紫金釉）都有很多差距，酱釉再往上走就更深一层，温度极高，还有一种俗称叫“铁砂釉”的，这件东西就有点儿像铁砂釉。这种瓷器清雍正和乾隆时期最为流行，它的底足没有上釉，釉到罐身的底边就没有了，界限非常清晰，这个技术很难。这个底足是典型的乾隆时期的特征。从釉面上讲，它不输于同一时期的官窑，比如雍正时期就有造型比这个稍微矮点儿的三足炉。但是我们真正从内心能接受这种审美的人并不多，所以当时的生产量也不会太大，保存下来的就更为稀少。

古玩三

这是一个南宋时期龙泉窑烧造的青瓷盘，上边有菊瓣纹。我们所见的这种青釉的盘子大部分都是不开片的，但龙泉地区烧造的青釉不是同

南宋　龙泉窑菊瓣纹盘

一个水准，其中有一部分就会开片。这部分开片作品，有人认为它是龙泉仿宋代官釉的，呈现了很多宋官釉的特点，比如它的开片很自然，灰白胎是当时比较高级的胎，器足也没有任何问题。菊瓣纹是南宋到元初这个时期非常流行的，尤其南宋时期的菊瓣纹做得非常漂亮，接近元代的时候就越来越弱化了。它底部还有涡纹，这也是南宋时期比较流行的做法。它釉色酥润，釉面泛着一种酥油光。应该说是南宋时期还不错的一件青瓷，美中不足的就是有两块磕碰。

风骨如莲知廉耻

近年来在一些领域发生了一些极端事件，动摇着整个社会的道德信心水平。那我们该如何从绵延数千年的中国传统文化当中汲取营养，来重振社会道德风尚呢？本篇就来说说“中华传统美德”系列之廉耻。

我们经常说“人要有廉耻之心”。总体上讲，现在所说的“廉耻”跟古时候的含义区别不大。古人认为，“廉”是指清白不贪，坚持自己的操守。在古代，“学而优则仕”，做官的都是文人，所以一定要做到自己一生是清白的。“耻”是指明察秋毫，自尊自爱，有气节。我们对羞耻的感觉不是与生俱来的——比如小孩子就不大知道羞耻，他们能够在成年人面前赤身裸体的——而是在成长过程中逐渐形成的，知道什么可为、什么不可为。古人就要求每一个为官者、每一个人都有廉耻之心，那么如何用纹饰来诠释“清廉知耻”的含义呢？

下页上图是清乾隆早期的青花莲蓬纹盖盒，还带有雍正时期的一些特点。盖碗的碗面是个莲蓬，底下是莲花。我们都知道，夏天荷花开败了以后，莲蓬就长出来了；莲子是一种很好吃的食物，也是一味中药。

下图是一个清道光时期的粉彩描金莲花纹盖碗，也带有乾隆时期的特点。它的造型也是一个莲花，整体显得非常华丽。从颜色上讲，粉彩更接近莲花本来的颜色。莲花大部分都是粉红色的，当然也有白色的。

这两个盖碗跟我们喝茶的盖碗有所区别。请注意观察，很多古装电视剧中出现的饮茶的盖碗都是地包天的，一般是碗大盖小；而这两个都是天盖地的，盖要大于碗。一个青花、一个粉彩，可见清代这两大瓷器品种的争雄斗艳。但它们都表现了同一个主题——莲花。在漫长的封建

清乾隆　青花莲蓬纹盖盒
口径 10.6 厘米　观复博物馆藏

清道光　粉彩描金莲花纹盖碗
口径 10.9 厘米　观复博物馆藏

辽代 龙纹花形铜镜
直径 30.5 厘米 观复博物馆藏

社会中，古人用莲花代表为官者的清廉。有一句话叫“出淤泥而不染”，说的就是莲花。在生活中我们可以看到，莲藕是在淤泥中长大的，如果河底下的泥是沙砾的，它就不可能长得很旺盛，反而是很肥、很脏的淤泥中能长出非常漂亮的莲花和藕。古人在观察到这个现象以后，就赋予了莲花一种美德，即“出淤泥而不染”，讲究的就是廉。古人借这两件莲花盖碗，向我们传递出了清正廉洁之意。这一信息虽然不复杂，但却是古人在整个文明进程中一直追求的最高品质。

为官清廉是全社会对官员的要求，这个要求一点儿都不过分。我们历朝历代都是这样要求官员的，不管什么样的朝代，甚至是在非常腐败的历史时期都要求官员要清廉。

上图是一面辽代的铜镜。唐太宗有一个良臣叫魏征，他一生中给唐太宗提了很多建议和意见。唐太宗有的时候也非常恼火，觉得这个臣子一点儿面子都不给自己留，但是当魏征去世的时候，唐太宗痛心疾首，说了句著名的话：“夫以铜为镜，可以正衣冠；以古为镜，可以知兴替；以人为镜，可以明得失……今魏征殂逝，遂亡一镜矣。”即照铜镜的时候，我可以照照帽子是不是戴正了、衣服是不是穿整齐了；把历史作为镜子的时候，我才知道别的朝代是怎么兴亡更替的；以人为镜子的时候，我才知道什么是得、什么是失。这里“镜子”就被引申为有监督功能。

一面铜镜让我们知道历史上还有一种监督机制，我们今天依然有这个机制。且不说国家有相关的监察部门，我们所有的老百姓实际上都是官员的一面镜子，可以监督官员的行为，监督每一个人的行为，让我们在这个社会上坚持廉、知道耻。

观复学堂

1.“国之四维”具体指什么？

马未都评：孙中山先生创立中华民国的时候，设计了中山装。中山装的四个兜代表“国之四维”，即礼义廉耻。“国之四维”最早是《管子》中提出来的：“国有四维，一维绝则倾，二维绝则危，三维绝则覆，四维绝则灭……何谓四维，一曰礼，二曰义，三曰廉，四曰耻……”

我们过去一般认为宇宙是天圆地方，它应该有四个支柱，支撑着一个平面。如果撤下去一根柱子，它就会歪；去掉两根的话，它就会处在一个危险的状态；三个柱子倒掉的时候，

明代　于谦像

它就会倾覆；而四个柱子都去掉的时候，这个国家就不存在了。《管子》中讲了一个非常明晰的道理，就是说礼义廉耻缺一不可。我们国家在漫长的文明当中，把儒家的这个思想灌输给每一代人。今天生活中并不是每一个人都能够做到这一点的。我们为什么要知耻呢？是因为羞耻心能鼓励我们进步。古人一开始是没有羞耻心的，羞耻是因为有羞愧而生耻，知耻以后才会有良知。所以从古到今几千年来，我们的社会一直提倡礼义廉耻。

2. 于谦写过一首诗："千锤万凿出深山，烈火焚烧若等闲。粉身碎骨浑不怕，要留清白在人间。"这首诗形容的是什么？

马未都评：在中国历史上，许多为官清廉的人都留有芳名。明代有个著名的清官叫于谦，他曾写过这首《石灰吟》，描绘的就是石灰。今天很少用这种建筑材料了，我小时候到处都能看见石灰坑。石灰是从山里凿出来的，然后经过焚烧、淘洗，最后用水把它淋出来，就可以使用了。在中国古代，石灰是非常重要的一种建筑材料，它还可以做黏结剂。大概在30年前，在各种涂料进入中国之前，中国人基本上还是靠石灰来刷白的。

于谦生活在明代中期，"两袖清风"这个成语说的就是他的廉洁。明朝有三个著名的大宦官恶名留史，首先是明中早期的王振，其次是明中期的刘瑾，最后是明末的魏忠贤。王振当权时期，大量的人溜须拍马要送礼，于谦去见王振的时候，有人问于谦怎么不带重礼，至少也得带点儿土特产表示一下恭敬之意吧，王振毕竟是最大的宦官。而于谦说，他什么都不带，带的就是这两袖清风。这个事情过去五六百年了，今天我们依然用"两袖清风"这个词形容为官清廉，是对于谦这样一个清官表示敬意，可见他的人格魅力。

历朝历代都是这样，官员清正廉洁，其实可以增加老百姓对社会的信任感。这又让我想起前一段时间闹得沸沸扬扬的“郭美美事件”，现在红十字会的捐款越来越少，其实也是一些问题所引发的不信任感。我们知道，红十字会是中国最著名的慈善组织，它在中国人心目中的地位至高无上，多年以来它都以一种救助的形式出现，所以老百姓对它给予了无限的信任。但是郭美美事件发生以后，大家忽然意识到，红十字会负面新闻中怎么有这样一个女孩拎着名包、开着名车。她一个人的举动就给红十字会带来了巨大的灾难，且不说后面要有多长时间红十字会的形象才能得以修复，仅这一年对它的打击就是很大的。

怎样让公众重新建立起信心呢？就是为官者一定要够清廉，一定要从小处做起。我们期望这件事能够得到很好的解决，能够让公众重新树立对于红十字会的信心。

3.“负荆请罪”的“荆”指的是什么？

马未都评：每个人都有不同程度的羞耻感，尤其当我们做了错事并意识到错误的时候，我们的羞耻感就油然而生，会要求自己去改正。“负荆请罪”就是一个非常生动的例子，它说的是廉颇和蔺相如的故事。廉颇是个将军，比较好胜，有时候蛮横无理，对蔺相如口出狂言。蔺相如认为，如果将相不和，将会影响国家的安危，所以蔺相如在很多情况下都忍了。当廉颇最后知道这件事的时候，就感觉羞愧难当。古人在认为自己错了的时候，一定要承认错误并向别人道歉，所以廉颇就扛着荆条（也就是柴火）向蔺相如请罪。后来我们在戏剧《将相和》中看到的就是这个故事。

“负荆请罪”提倡的是人一定要知耻，而知耻带来的好处是能够让我们进步。孔子说：“好学近乎知，力行近乎仁，知耻近乎勇。”知道羞耻是一个人英勇的表现，而不是懦弱的表现。生活中有多少人能做到这一点，又有多少人能承认自己犯了过错？古人说得很有意思，你犯了错事就是一过，而如果不认错，一过变成两过。我们在生活中、在新闻中经常能看到，很多人犯了错误还去辩解。古人认为这就属于“不知耻”，不知耻的人是不可救药的，而且会一错再错。所以我们一定要学习廉颇这种态度，要学会认错。

古玩门诊

古玩一

清乾隆　冬青釉盘

这是一个青色的盘子。青色是由浅及深或者由深及浅的过渡，从文学上大约可分出三个非常形象的颜色：最浅的颜色叫粉青，中间的颜色叫冬青，再深一点的颜色叫豆青。比如粉青色很浅，有点儿近乎水；冬青就是冬瓜的那种青色；豆青色就像我们吃的青豆，颜色比较深。这个盘子可以算是冬青色，颜色非常纯正。

我们生活中很少使用这么漂亮的青瓷。清代的时候，尤其雍正、乾隆以后，对青瓷的烧造就游刃有余了，想烧什么颜色就烧什么颜色。这块盘子很周正，款识写得非常规矩，圈足也做得很规整，底下有一点儿荞麦地，这都是当时的缺陷所致。这是一个乾隆中后期常见的高质量的民窑盘子，近乎三路官窑。这种盘子生产量非常大，因为过去都在用，我们今天因为大量使用白色的餐具，对青色的餐具反而感受不强烈。我听老师傅讲过，过去有官、民窑之分，一路、二路官窑是指顶级的官窑，就是当时的一些陈设瓷，三路官窑是当时他认为宫廷以及宫廷所属（比如寺院）用的这种日用瓷。尽管这上面没有画纹饰，但仍然具有很浓重的中国文化符号的色彩。

■ 古玩二

清晚期　黄地青花龙纹趴螭虎天球瓶

这是一个黄釉青花天球瓶，上面趴的是一个螭虎，也叫螭龙。青花瓷一般都是白地子，也有这种在白地子上填黄的。这个品种从清雍正年间开始出现，乾隆时期盛行。黄代表皇家，在一个长颈的瓶子上趴上这么一个螭虎，也是雍正到乾隆时期非常流行的造型。不过晚清的时候，当时我们国家由于西方列强的入侵，中国人也赶忙烧了一批类似的东西卖给了外国人，简单地说就是那时候的作伪。外国人对中国文化认知太少，分辨这个就更困难，他们看不出趴上去的草龙有什么区别，这上面的螭虎显得无力，雍正乾隆时期趴在上面的螭虎都是腾空的，力度非常大；这个一看是赖在上面，有点儿怕掉下来使劲抓着的感觉。这就是晚清时候的仿品，距今也100多年了，反映了那个时代的特征，即那个时候国家的颓废状态以及民族的心态，还反映了当时外国人对中国文物的无知。不管怎么说，它毕竟是一个时代的标志物。

先秦汉唐看龙纹

龙作为中国传统文化中最具权威的图腾崇拜，它的发展不是一蹴而就的，而是历经几千年逐步发展成熟的。不同时期器物上的龙纹图案就是最好的研究佐证。2012 年是农历龙年，关于龙文化的追溯也是非常热门的话题。从这一篇开始我们会系统地介绍龙，让大家了解龙在我们文化中的变化。本篇先说说唐代以前的龙，下面还会分别说宋元时期、明代以及清代的龙。

中华民族很讲究具象，比如象形文字，但是为什么又喜欢龙这样一个抽象的图腾呢？这里有很深层次的社会原因。世界上其他民族的图腾基本上都是具象的动物，比如英国是狮子、法国是雄鸡、德国是熊，这些都是真实的动物。唯独中国人创造了一个抽象的神物，这就是我们今天探讨龙文化的一个起因。

有证据证明，7 000 年前中国古人就开始制造龙的形象了，每 1 000 年龙的形象都有一个明显的变化，逐渐演化到我们今天熟知的这个龙。那么唐代以前的龙纹到底是什么样子的？展现了怎样的人文风貌？我们可以通过几件藏品来感受其中的特色。

下页上图是一组唐代的龙，尺寸非常小，龙的四肢非常明显，整体形状跟我们今天看到的大量的龙图案不一样。用专业术语来说，这是一条行龙，即行走中的龙。在唐朝的时候，这个龙是金光闪闪的，经过这么多年，它里头的铜生锈，逐渐地析出来了，盖住了上面的鎏金。我们看到，至少在 1 300 年前的唐代，龙的形象跟今天有巨大的差异，它更接近于兽，身子是短的，不像我们今天看到龙的那种长身。

唐代　铜鎏金行龙
长 8.4 厘米　观复博物馆藏

春秋　玉龙纹出廓璧

战国　谷纹立龙璧

汉代　青龙瓦当

唐代　青龙纹砖

唐代　龙纹铜镜

五代　越窑青釉锥花龙纹圆盒
直径 13.8 厘米　观复博物馆藏

战国　白玉螭龙带钩
长 19 厘米　观复博物馆藏

上页上图是一个晚唐到五代时期的龙纹粉盒，这时跟唐代的距离不是很远，所以龙的形象基本上还是很贴近的。汉唐时期中国的经济发展得非常快，汉代的龙跟唐代的龙的差异性不是很大。汉代的龙更灵动一些，如果再往前推，先秦时代的龙跟我们今天看到的龙就有天壤之别了。在唐以前，中国的龙尾是尾，身是身，身子和尾的界限非常清晰，但是经过 1 000 年的演变，龙的身子和尾巴的界限就不清晰了，不知道从哪儿算起。

上页下图是一个玉带钩，两侧都可以视为龙头，它有 6 节，由于有一块掉下来了，我们可以看到它中间是由一根铁棍将这 6 块玉串在一起。这种用金属工艺串起来的带钩不多见，这个龙钩是当时皇家的佩戴物，是挂在衣服上用的，后边有个钮可以拴住，前面的钩可以钩住衣服。它上面所有的纹饰我们解释起来都非常困难。今天的人再聪明，也不一定能了解两千年前古人的想法，我们不知道人家的初衷是什么，只能一点一点地去研究、去推测。

西汉时期的龙跟我们前面看到的唐代的龙有明显的区别，这时候的龙更接近神。早期神话的特征在龙身上体现得非常充分，而龙演变到了唐代的时候更接近兽，很像一个动物，而不像神。这个差距正是我们民族、我们的文化一步一步走过来的证据，这个证据对我们今天的人非常重要。

1. 龙的起源比较复杂，主要有哪几种动物？

马未都评：从今天龙的形象，我们其实很难想象龙最初的样子。龙究竟起源于什么实际上是不确定的，它有多种说法。古籍上记载龙有九似，就是像九种动物，但是这并不是它的起源。龙的起源非常复杂，它应该起源于一个具象的动物，后来逐渐演化成一个抽象的神。

有一种说法是龙起源于鳄鱼，龙最初的形象具备了鳄鱼的一些特征，比如长吻，就是嘴比较长，还有四爪，就是带有肌肉的前肢后肢，以及很长的尾巴。第二种说法认为龙起源于马，我们看到红山文化的龙，龙头这一块（包括它的长

红山文化　玉龙

清乾隆　松绿地白彩折枝花卉纹贴粉彩浮雕五螭龙长颈胆瓶

龙纹陶盘　新石器时代
中国社科院考古研究所藏

鬃）非常像奔腾的马，有一个词就叫“龙马精神”。第三种说法认为龙起源于蜥蜴，从外形上讲蜥蜴也比较接近龙，它有四肢、长尾巴，身子比较修长。还有一种说法就是蛇，因为我们后面看到的龙大部分是长身子、条形的，所以很多人也认为龙起源于蛇。

2. 第一个在史籍中出现的“真龙天子”是哪位皇帝？

马未都评：电视剧、电影中经常提到，皇帝是“真龙天子”，这种说法比较久远了，史籍上有多处记载。把最高统治者皇帝视为“真龙天子”，一定是出于政治上的考虑。我们创造了一个神的形象，中华民族对神是有敬仰之心的，所以把皇帝称为“真龙天子”。第一个在史籍中出现的“真龙天子”是汉高祖刘邦。据记载，刘邦母亲有一次梦见自己在一个大泽中与神交会，她身上有一条龙，然后就生下了刘邦。所以刘邦称自己是真龙天子，意思就是他是奉上天之命降到人间来管理人民的，所以百姓就逐渐把皇权跟龙结合起来，对皇权越发尊重。以后的各个朝代，皇帝跟龙的关系也就越来越近。

史书上记载，刘邦是“隆准而龙颜，美须髯”。“隆准”是说他的鼻子高，“龙颜”说的是眉骨高，“美须髯”，古人用词非常严谨，上唇和下

西汉　高祖刘邦像

颚这个位置的胡子叫须，两侧的胡子叫髯。整句话就是说他高鼻梁、突额头、络腮胡子，刘邦的长相就是龙相。从这以后，人们就逐渐把皇上的颜面称为龙颜、身体称为龙体，皇上特别高兴就说是“龙颜大悦”，有点儿不舒服了叫“龙体欠安”，都是一种尊称。

3.“鲤鱼跃龙门”的“龙门”在今天的什么地方？

马未都评：今天老说“望子成龙”，对于每个家庭来说，教育孩子都是首要任务。怎样使孩子变成社会的栋梁之材，让孩子成为一个对社会有用的人呢？中国人认为，获得成功就是鲤鱼跃龙门。鲤鱼在哪儿跳的龙门呢？是在陕西的韩城。由于那儿的黄河两岸陡峭的山壁形成一种门的形象，古人就认为那儿是龙门，鲤鱼是可以逆水而上的，鱼有时候要跃出水面，当黄河的鲤鱼跳过去就会成为龙。

为什么把鱼和龙结合在一起呢？是因为龙可以上天入水，在古人的心目中，龙是能力非凡的，可以从水中跃起。鱼也可以从水中跃起，但跃的能力有限，所以“鲤鱼跃龙门”就形成了我们文化中的一个概念，

赠崔侍郎

李白

黄河二尺鲤，本在孟津居。
点额不成龙，归来伴凡鱼。
故人东海客，一见借吹嘘。
风涛倘相见，更欲凌昆墟。

即一旦鲤鱼跃过龙门成了龙以后，这个人的身份就不一样了，也就形成了今天“望子成龙”的概念。

鲤鱼跃龙门的时候，不一定每回都能成功，有时候鱼龙变化的时候，只变了半个身子。李白写过一首诗：“黄河二尺鲤，本在孟津居。点额不成龙，归来伴凡鱼。”就是说二尺大的一条鲤鱼本在黄河这个位置，跳了一下没成功又回来了。这跟我们的生活非常相像。比如考试，每一个人都经历过考试，不是每一次都能考 100 分。生活中有很多失败，跟鲤鱼跃龙门似的，不是一次就能成功，要多次反复，坚韧不拔。这次不成下次再来，千万不要灰心。实际上生活中的很多自然现象都在提示我们要向自然界去学习。

古玩门诊

古玩一

金元时期　龙形玉枕

这是一件玉枕，枕形非常清晰。在汉墓中出土过不少玉枕，最有名的是河北满城汉墓中山靖王刘胜墓出土的金属镶边嵌的玉片。姑且说这有两个龙头，其实这不是龙头，它有犄角，身上有一点儿鳞，脑袋顶上还有一个旋儿，显得不伦不类。这件东西实际上有可能是清朝的一个工艺品。中国唐以后到宋金元时期的瓷枕非常多，到了明清时期也有很多这种双头类型、两头一致的枕。这种枕在金元时期非常流行，这个图案虽然具备了龙的特征，但仔细看更像一只哈巴狗，整个造型无论是从正面、侧面看都很像狗，这种比较民俗化的处理很大程度上是民间的东西，所以不太讲究规制。这件东西很有意思，材质不是很多见，可以称之为玉。

古玩二

在所有的瓷器门类里，钧窑的胎最丰富。它最不讲究胎，因为它的釉是乳浊釉，非常厚，能盖住所有的颜色，胎是什么颜色并不重要。这件藏品的胎是灰黑胎，在钧窑里是有的。钧窑的颜色都比较鲜亮，有红的、带色斑的、玫瑰红，甚至大红，还有蓝色闪着紫色的。这种很下垂、很黏稠的釉，金元时期尤其元代非常普及。这件东西的蓝釉色在钧窑里

元代　钧窑三足炉

还是比较正的。两块红色是故意点的，能看到它们的方向是对称的，颜色也比较正。从造型来看，它的边缘做得非常利索，整体造型显得很敦实。钧窑炉在元代比较多，这种炉的形状多少受宋代的影响。这件东西应该是元代的，不能算非常精美，但是保存比较完整。

古玩三

清代　黄花梨竹节笔筒

这是一个黄花梨的竹节笔筒，黄花梨很坚硬，跟紫檀、红木比起来略轻。这个笔筒至少有300年了，但有个问题：笔筒外头的整体状态没有任何伤，而且比较干净，跟里头的状态不一样。理论上讲，它口上都有伤残，表面不可能没有任何的磕碰。历史上这种竹节笔筒相对来说都比较少，这件东西实际上是一个老筒稍微做了一点加工。这一类用素筒子刻后工的现在非常多，因为一带上竹节就能多卖点钱，所以有很多人做加工。现在不是流行美容嘛，磨磨皮显得年轻点儿，跟这种加工是同样的意思。

俊雅雄健宋元龙

宋代是跟辽、金、西夏并行的时代，也开启了汉民族和游牧民族相互融合的时代。宋代有着含蓄之美，而元代——马背上的民族则带来了一股豪放粗犷之风，这两个时期的龙纹各有时代的特点。本篇就来讲述宋元时期的龙纹。

宋代是一个非常务实的时代。宋代的统治者标榜自己“与士大夫共治天下”，对文人的态度一般都比较缓和，所以宋代的龙纹显得非常“务实”。这是一个宋代磁州窑龙纹长颈撇口瓶，从上面可以看出，这时候的龙在唐代龙的影响下更加趋向于兽，而不强调它神的一面。它的身形通常较短，显得雄壮有力。与此同时，宋代的经济非常发达。我们从《清

宋代　磁州窑龙纹长颈撇口瓶
美国纳尔逊·阿特金斯艺术博物馆藏

明上河图》中可以看出宋代的市井生活，看到那时候的经济状况，能看到人们的生活都是蒸蒸日上的。

相比之下，元代的龙就显得比较凶猛，而且元代以后龙的身子逐渐拉长，不大像兽。所谓的兽是以身形而论的，龙的身子一拉长，它能够上天入地的那种神的感觉就又重新出现了。最著名的至正型元青花龙纹大瓶，上面就画着两条龙，这是元代龙的标准造型。在各大博物馆里，比如土耳其托布卡帕皇宫里的龙纹瓶子和龙纹盘子上都有明确的元代龙，故宫博物院里也有这样的藏品。

这是一个元代的磁州窑大罐，上面画的是龙凤纹，正面是龙纹，背面是凤纹。元代的龙还保留了一些宋代的特征，因为文化的变化过程往往是缓慢的，是一点一滴逐渐演变的，不是说从宋到元龙就变得截然不同了。这个磁州窑大罐上面所呈现出的龙的特点介于宋元之间。宋代的龙一般来说身体比较强壮、脖子比较粗，但到了元代以后，龙的脖子逐渐变细，尤其是到了元代的晚期。比如，元青花上常见的龙脖子都非常细，是像蛇一样的细颈，而且头很大，比例关系都完全不一样了。我们通过观察这个罐子，基本上可以了解从宋到元龙的变化。

元代　磁州窑褐彩龙凤纹大罐
高 32.5 厘米　观复博物馆藏

金代　鱼龙变化纹执镜
长 23.5 厘米　观复博物馆藏

上面是一个金代的铜镜。一般铜镜都是圆的，也有少量是方的。这种带柄的镜子出现得偏晚一些，在宋元时期非常世俗化的社会中出现了这种方便手执的镜子，也叫执镜。上面的海水纹中画着一个摩羯鱼，可以理解为一个类似鱼龙变化的瞬间，它有龙头、鱼尾、翼和翅膀。我们通过镜子可以看到历史。唐太宗最著名的话就是“以铜为镜，可以正衣冠，以史为镜，可以知兴替，以人为镜，可以明得失”，本篇就是讲在社会的大环境下、在我们民族心态的改变中、在我们所遇到的一切艰难困苦中，我们怎样去理解这个世界和自己的精神图腾。

1.“宰相肚里能撑船”具体是指哪位宰相?

马未都评:我们经常说“宰相肚里能撑船”,就是说做人要大度,这里的宰相指的就是王安石。宋神宗时期王安石提出变法,但他两次提出变法都不是特别得志,受到了打压,所以他的心情十分压抑。他解职后要回江宁,底下的随从就对他说:“相公白龙鱼服,隐姓潜名,倘或途中小辈不识高低,有毁谤相公者,何以处之?”“白龙”是指他地位很高,“鱼服”就变成一般老百姓了,就是说底下的人如果不知道王安石是谁,说话有冒犯怎么办呢?

王安石于是说了这句意味深长的话:“宰相腹中撑得船过,从来人言不足恤。”意思就是说,我王安石身为一国宰相,见过的事情很多了,不需要有过多的顾虑,随人家说去吧;不能说因为我曾经是个宰相,我就承受不了不好听的话,必须要听人家说恭维话。这是他为官的态度。王安石变法为国家提出了很好的国策,他觉得国家在执政上非常重要的一点就是如何理财。我们今天也是这样,对一个国家很重要的两点,一是怎样去用人,二是怎样能使这个国家的财富不断增长,而且让每个百姓都能够获得其利,心安理得。这也是王安石变法的一个主要目的。但是当时由于变法对统治阶层的很多利益集团有所触动,所以就有人说坏话,皇上脑袋一昏,就把王安石贬下去了,这就是王安石“宰相肚里能撑船”的背景。

今天不管是为官者还是为百姓者，在生活中都会碰到这样那样的不愉快，如果心里老是斤斤计较，永远觉得这个事情不报复一下就不算完，这种人生活一定是不愉快的。所以我们应该向王安石学习，从仅次于皇帝的宰相职位，被贬为下面一个不算官的官，还能保持这样良好的心态，从而成为历史上的伟人。

2. 这是一个金代的龙纹梅瓶，它上面的龙画成站立的样子是什么用意?

马未都评：我们经常可以看到各种文物上都画有龙纹，但每个龙纹的神态是不一样的。飞龙和游龙是大家常见的神态，而这个金代梅瓶上画的这种站立的龙，对今人来说有点儿难以理解。但是只要把这个梅瓶调转一下，大家就可以看明白了。我们讲过多次，梅瓶就是酒瓶，经常要用来倒酒，所以倒酒时坐那儿喝酒的人就能看到龙的形象了。今天在餐桌上喝的这种能致人昏醉的酒是高度的白酒、蒸馏酒，一说是元代的

金代　黑釉龙纹梅瓶
高 32 厘米　观复博物馆藏

游牧民族传给汉人的，但起码在元代以前，没有明确的证据能证明有蒸馏酒。过去的酒都是米酒、黄酒等酿造酒，这种酒的度数低，每次喝的量也比较大，所以我们看到的装酒的梅瓶体量都比较大。用梅瓶倒酒的时候时间比较长，不像今天倒小酒杯，倒一点儿就满了，倒一大杯的时候“咕嘟咕嘟”得倒一会儿。这时候酒瓶翻转，坐着的人就可以看到龙

辽代　三彩刻画花龙纹盘
故宫博物院藏

辽代　金花银奁
内蒙古文物考古研究所藏

辽代　“万岁台”金花银砚盒
内蒙古文物考古研究所藏

的整体形象了。它是源于这样一个设计，我们今天才得以借助这个酒瓶了解金代人的生活。

此外，我们还可以看到几件内蒙古地区出土的文物中龙纹的样子。辽代三彩刻画花龙纹盘，是辽代比较晚期的龙；辽代金花银奁，是辽代比较早期的龙，跟唐代的龙非常接近；这个辽代“万岁台”金花银砚盒是辽代的宫廷用砚台，它是银的局部鎏金，可以看到那时候龙的形象。

3. 中国曾在元朝创下历史上最大版图，当时中国的国土有多大?

马未都评：中国是一个大一统的国家。历史上版图虽然不确定，但是一直保持着一个强盛的局面，而元代是中国版图最大的时期。今天以国土论，我们是世界上第三大国，仅次于俄罗斯和加拿大，面积达 960 万平方公里。元朝的疆域有多大呢？有两种说法：第一种说是今天的 3 倍半，即 3 300 万平方公里；第二种说法更大，说是今天的 5 倍。大家知道元朝的统治者有多大气魄了吧。

我们今天的国土已经非常大了，从南北来看，如果从最北边的漠河

元太祖　成吉思汗像

到最南边的曾母暗沙，直线距离坐飞机恐怕需要6个小时以上；以东西而论，我国的版图像一只大公鸡，从“鸡嘴”位置（乌苏里江与黑龙江的交界处）飞到新疆的红旗拉普山口，大概也需要6个小时。我们国家有这么大的版图，身为中国人，身为这样一个土地广袤的大国的国民，是应该引以为豪的。

大国有很多好处，首先就是不受人家欺负。中国的文化强大，疆域辽阔，要想战胜这个国家是非常不容易的。历史上有很多人欺负过我们，但最终他们都是必死无疑。元朝的统治者有先进的军事制度，所以拼命地扩张，成吉思汗甚至将我们的疆土向西扩展到欧洲，今天的西伯利亚等大片的疆域都曾经是我们的国土。每朝每代国家的疆土都是发生变化的，比如唐朝疆域也相当大，后来的清朝疆域也非常大，我们今天的国土依然很大，这是因为我们有无数祖先为我们民族做出过这样的努力。

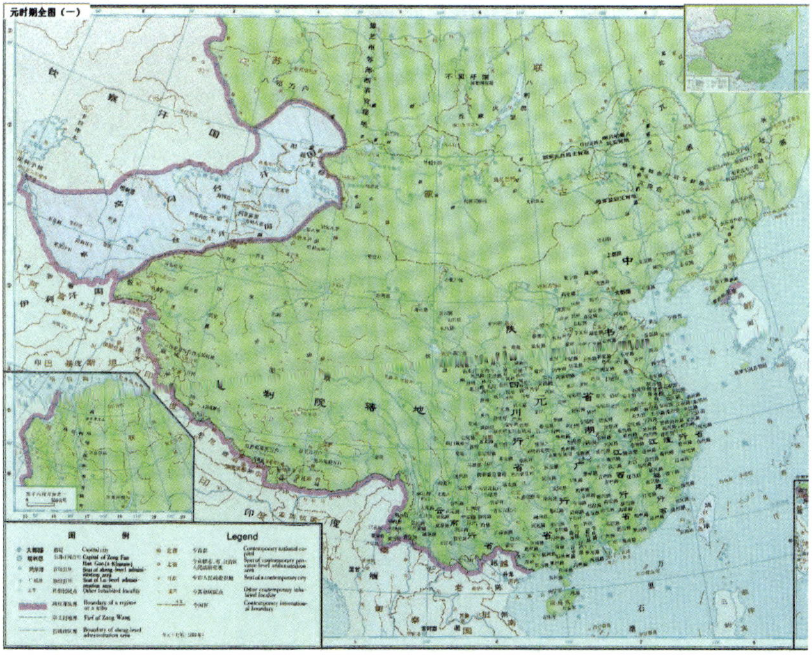

元朝疆域图

那个时期中国人走到全世界各地，世界各地的人也到达中国。在元朝以前，我们曾经跟 50 多个国家有过贸易关系，到元朝的时候增至 140 个国家和地区。我们比较熟知的就是马可 · 波罗那个时期来到了中国，看到了中国无数的繁荣景象，回去向欧洲人说“那个国家太神奇、太富有了”。历史已经过去了六七百年，我们不大知道那个历史的真实情况，今天通过什么去了解它呢？就是通过所有遗留下来的文物，所以我们要珍惜文物。

古玩门诊

古玩一

清雍正　仿汝窑花觚

这是一对花觚。觚是早期的青铜酒器，单手执觚来喝酒。汉代以后改用羽觞，后来又改用各种酒杯，所以这种古代的、周以前的酒器就不再用了。清代康乾盛世的时候社会富足，人们就很愿意复古。今天由于社会的富足，复古现象也非常重。这就是雍正本年的，底款写得很清楚——雍正年制。今天还能保留有一对实在太难得了。这类的瓷器作为陈设品，其实一只就够了。我想做成一对可能是因为单只比较小，一对的话就显得有一定的体量感。

这对花觚仿的是汝窑。在中国宋代的名窑里，汝窑为魁，而且历史上汝窑的高峰，后世也一直达不到。但是在雍正年间，由于汝窑的名气太大，宫廷不断地仿制，这就是那个时期仿制的汝窑。它呈一种油灰色，颜色非常安静，圈足这层黑色的釉非常完整，没有任何磕碰，胎里头也是白的，要不然瓷器不可能烧这么好。这就是景德镇当时为宫廷烧造的官窑。

古玩二

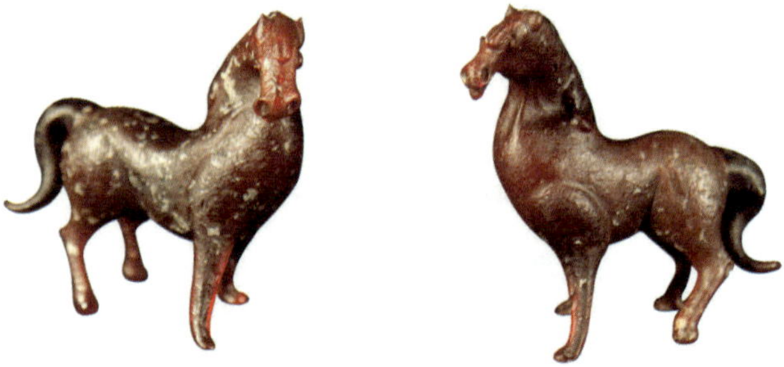

民国　玻璃马

中国的玻璃器在战国到汉以至唐做得非常完善。比如法门寺出土的玻璃器，至今还令人叹为观止。我们今天的人不能想象，早期那些玻璃器是中国人2 000多年前制造的。宋代以后因为陶瓷工业的兴起，中国玻璃工业一落千丈，直到清代以后才开始恢复，因为康熙皇帝看见外国人带来玻璃器进贡，就下令我们自个儿人照着这样做。于是我们就开始向西方人学习，重新拉动了玻璃制造的工业。但是在康熙、雍正乃至乾隆年间，玻璃器只在宫廷很窄的范围内使用，不是生活必需品，而是艺术品。在那个时期，是用这些东西来装点生活的。中国的玻璃工业有一点跟西方不同，即我们的玻璃工业，尤其是后期的，基本上采取玉的工艺。比如玻璃器的鼻烟壶可以做得和玉器一模一样，因为中国人天生就会做玉器，于是就拿做玉器的方法来做玻璃器。

但是这里有一个问题，玉器是琢磨的，磨的时候会产生高温，一产生高温它就裂了。西方的玻璃工业更多的是吹制，是热加工的。我们从一些电视片里可以看到，玻璃器可以边加温边随形捏。这一点中国人在清代以前不会。这马尾巴是受热以后揪出来的，我们见过吹糖人就知道怎么做这个玻璃器了。但是在清代的玻璃工业中，中国人采取的是玉的琢磨的方式，不会这种边加温边拉法。这些年电视剧老忽悠说汉武帝找的是“汗血宝马”，这个有点儿像汗血宝马，通体红的。但是看到它的腿了吗？如果从正面看，这个马基本上是稍息的姿势，不能走。

汉代马的形象非常多，大家最熟知的就是“马踏飞燕”。汉马能看到的特征都是眼睛外凸、嘴外翻，嘴都是嘶鸣状，动作经常是一顺边。我们经常看到的马，迈右前腿的时候，左后腿就跟上，是错位走的。但是汉代的马是一顺边的，迈左前腿就左后腿同时出去，迈右前腿就右后腿同时出去。外国大洋马拉车跑快的时候你会感到很怪异，因为它顺拐了，咱们的马不顺拐，就是中国的土马。

马有很多不同的品种。一般专家一看就知道是什么马，比如是伊犁马、三河马还是蒙古马。要进行区分，就要注意很多细微的地方。这个马首先比例上有点儿问题，姿势上叉着腿，不是很舒服，外八字，这就不太美。这件东西应该是有一定年份的，但我认为不足百年。中国历史上可以看到的秦、汉以及六朝乃至唐代的马都没有这个形态，这作为一个时代的特征能反映人们对文化的一种理解。

日月朝暮明龙纹

明代的龙纹大家都比较熟悉，因为我们今天能看到的文物以明清以来的居多，比如故宫就有雕龙的龙柱。明清两代的龙纹看着都差不多，我们作为一般的百姓来看龙纹，其实只是看它大致的形态和气势。

这是一件明代后期万历年间宫廷用的景泰蓝龙盘，是用来给皇帝祝寿的。画面上是两条龙捧着一个“寿”字，一条是红色的，一条是黄色的，这两种颜色都是中国传统的吉祥色。“寿”字的上方和下方都有吉祥符号“卍”，这就是万寿。这件万寿龙盘是给皇帝祝寿的时候宫廷为他定制的。这时候的龙看上去，眼睛上好像戴着眼镜，有一种眼大无神的感觉。从图像上可以看到，明代后期的龙显得比较细弱，跟明初的感觉完全不同。明代初年的龙都非常壮硕，头大如斗，怒发冲冠的样子。明代龙纹的变化其实反映了国家态势的变化，也就是由强盛逐渐转为衰落的总体态势。我们可以从龙纹的态势上看到国家逐步衰退的过程，理解国

明万历　铜胎掐丝珐琅双龙捧寿纹花口盘
口径 48.2 厘米　观复博物馆藏

家为什么衰退。

明朝初年永宣时期国势强盛，龙纹也就显得非常健硕。这时候龙的鬣毛都是冲天的，眼睛呈比目眼，嘴张得非常大而强劲，四肢极为有力，身体粗壮，动作凶猛。比如明宣德时期的青花云龙纹天球瓶，这个时期的龙动作十分凶猛，代表的是国家蒸蒸日上的形态。但是到了明中期成化年间，龙虽然保留了永宣时期龙的基本特征，头也比较大，毛发也是冲天的，但它的四肢和身体的形态像在玩耍，心态已经放得非常平和。这是因为这一时期国家已经安定了，大家已经没有这种居安思危的意识了，一天到晚都是游戏的状态，所以这时候龙也是一种游戏的状态。到了明代晚期，将近100年的时间，龙的形态已经变得非常松软，表情变得比较怪异，整个国家处在一种似乎没人管的状态。通过这样的画片，我们可以简单地了解明代龙纹的演变，从中可以看出一个朝代的变化。

这是一件明代铜鎏金瑞兽双龙纹瓶。铜在中国封建社会是非常重要的物资，因为钱是用铜铸造的。钱按计重算，所以铸造这样一个铜瓶至少跟铜钱的价值对等。这上面画的是明朝中叶的龙，还保留了早期的一些特征。这条龙呈站姿，是腾空的，四肢还是非常有力的。从龙纹的变化来了解一个朝代的变化过程，这段历史就变得非常直观而容易理解。

明代　铜鎏金瑞兽双龙纹瓶
高 32.3 厘米　观复博物馆藏

明永乐　青花釉里红云龙纹梅瓶
高 34.1 厘米　景德镇珠山出土

明宣德　青花云龙纹天球瓶
高 43.2 厘米　故宫博物院藏

明成化　斗彩海水龙纹盖罐
高 13.1 厘米　故宫博物院藏

明弘治　青花荷塘游龙纹碗
口径 16 厘米　故宫博物院藏

明嘉靖　青花云龙纹盖罐
高 54.2 厘米　故宫博物院藏

明万历　五彩穿花龙纹水丞
高 8.9 厘米　故宫博物院藏

明洪武　青花春寿龙纹梅瓶
高 37 厘米　上海博物馆藏

明朝的龙纹从永乐开始都是百姓很容易接受的一种龙纹，这个龙就是我们今天看到的龙的样子。但是洪武时期的龙很有意思，有一种龙叫“猫脸龙”——脸像猫脸，圆圆的，它跟此前元朝的龙、此后永宣时期的龙截然不同。为什么画成这个样子呢？至今无解，不知道什么原因。洪武一朝在瓷器上所描绘的龙，大部分是呈猫脸状。短短的三十几年龙为什么有这样的巨变，有什么具体含义，我们今天还没能搞清楚。

观复学堂

1. 明朝一共有多少位皇帝？

马未都评：中国历史上朝代不断更迭，明朝是一个大朝代，从 1368 年洪武登基到 1644 年明朝灭亡，享国 276 年。从洪武皇帝算起，依次是洪武、建文、永乐、洪熙、宣德、正统、景泰、天顺、成化、弘治、正德、嘉靖、隆庆、万历、泰昌、天启和崇祯，总共 17 朝。但 17 朝只有 16 位皇帝，因为正统年间发生了“土木堡之变”，正统皇帝被瓦剌军俘虏，朝臣们就把他同父异母的兄弟扶上位，这就是景泰皇帝。后来在“夺门之变”中，正统皇帝又把皇位夺回来，并改年号为天顺。所以明朝总共有 16 位皇帝，在位时间最短的是泰昌，仅仅一个月，最长的是我们大家熟知的万历，在位 48 年。

2. 我们老说皇帝是真龙天子，明朝的皇帝中有几位属龙？

马未都评：统计学讲究概率，中国有 13 亿人，属龙的至少有 1 亿人，同样属鼠、属牛、属虎、属兔等等的差不多都有 1 亿人，这就是概率决定的。16 位皇帝中，理论上讲应该有一到两位属龙的，实际上明朝皇帝中属龙的只有一位，这跟概率非常吻合，他就是开国皇帝朱元璋。中国大部分皇帝都有画像，明朝皇帝也有画像，大部分收藏在台北故宫博物院。朱元璋的画像最多，有十多幅，可以分为两类，一类在常规人看来非常不好

朱元璋画像

朱元璋画像

看，是一个奇像，当时他自己认为这个画得很好，呈现了龙的景象——长脸。但是朱元璋究竟长什么样，我们谁也没见过，因为那时候没有照相机，也没有照人画的肖像。

朱元璋的另一类画像显得凛然正气，画的是方头大脸，一看就是帝王之相。为什么会有两种截然不同的画像呢？是因为朱元璋要附会一种传说。他是开国皇帝，中国人自汉高祖刘邦以来就认为皇帝是真龙天子，因此一定要附会，恰好他又属龙，所以他对自己这种奇异的长相并不以为不好。我们今天能看到朱元璋的帝王像中有一部分是不漂亮的。

3. 明朝哪位皇帝后宫只有一位皇后，没有其他嫔妃？

马未都评：中国人常说“龙凤呈祥”，在描绘当中一般皇帝是龙，皇后是凤。中国的皇帝除了皇后外，往往还要再娶嫔妃，多少不一。但明朝 16 位皇帝当中有一位皇帝皇宫只有一位皇后，这位皇帝就是弘治。大家看弘治皇帝的面相，一看就是一个好男人，非常忠厚。他身为皇帝，但是早年身世不幸，主要是源于他父亲成化皇帝。成化皇帝的宠妃万贵妃是明朝嫔妃里非常传奇的人物，首先她比皇帝年龄大，一说大 17 岁，

弘治皇帝像

一说大 19 岁，可以说成化皇帝有非常强的恋母情结。另外万贵妃对成化皇帝又照顾得非常周到，所以成化皇帝非常惧怕她。在这种情况下，成化皇帝跟谁都生不了子嗣，孩子生出来甚至在嫔妃怀孕期间马上就夭折，至于是怎么夭折的，谁也找不出答案。成化皇帝有一次在读书，看到纪氏非常漂亮，就偷偷临幸，后来纪氏怀孕并偷偷生下了孩子。后宫所有人都知道这件事一旦让万贵妃知道了，孩子就保不住命了，所以后宫几千人就瞒住了万贵妃，孩子也一点一点长大了。成化皇帝 30 岁的时候，有一天早晨对镜梳妆时就感叹："我都有白发了，还没有儿子。"他的贴身太监就跪下了，说："陛下有子，现在在后宫。"从此以后这个孩子就被立为太子，就是后来的弘治皇帝，但纪妃一个月以后就莫名其妙死了。弘治皇帝有过这样的童年，后宫的残酷斗争对他的心灵伤害极大，所以他一生中就娶过一个女人，没有再娶别人。

古玩门诊

古玩一

清雍正　斗彩福山寿海盘

这是一个斗彩的盘子。斗彩是比较柔和的一类彩瓷，因为它有青花，颜色也不显得过于强烈。它的背面写着“大清雍正年制”，是两行楷书六字款，带有双圈，画的是福寿图案。从正面看，底下是水，峭壁上长着一棵桃树，这叫“福山寿海”。从内容上看，显然是祝寿用的盘子。这个画片画得比较含蓄。过去给皇帝祝寿的也有一些龙捧着寿，那就比较直接。这种“福山寿海”画片从某种意义上讲民间也可以享用。这是传统官窑的图案，这个图案画得很程式化了，画工已经非常成熟，比如画的水波纹大小都差不多，很精美。这是一等一的官窑盘子。官窑当年的质量非常好，如果保存状态还好，看着有点新又有点假，这就是过去的“真赛假”，就是这东西太真了，看着跟假的似的。

古玩二

这是一个青花的人头罐。这件青花跟常见的有一点不同，画得比较

清康熙　青花婴戏图罐

淡。大部分青花瓷都是比较浓艳的，而这种青花在雍正一朝非常流行，叫淡描青花，刻意把它画得很淡，不是没有颜料了，而是把颜料里多兑一点儿水，所以看着非常淡雅。上面孩子身上都画得浅浅的，显得很干净，这种感觉是当时的一种追求。

这个大婴孩的腿一节一节跟藕节似的，所有的关节都是圆的，手里打着一个莲花灯，寓意“连生贵子”。而且这两个孩子是有沟通的，一个孩子往前，一个孩子回头，画面非常生动。这种图案开门见山而且画得非常好，充满画面的大婴孩很招人喜欢，因为这个时期康熙到乾隆这一段时间正是清朝最好的时期，生活比较富足也比较安定，所以画面也比较祥和。

古玩三

这是一个清光绪本年的官窑捧盒。凡是一只手拿不了的盒，全称之为捧盒。今天生活中很少用这样的器皿，我们现在使用的大部分盒子都是塑料的，比如超市里卖的保鲜盒，从而远离了过去的一种文化。过去因为东西名贵，捧着要非常小心。实际上这种捧盒在清代非常流行，尤其是在大户人家。《红楼梦》里就有大量关于捧盒的描写，用来端着点心、

清光绪　青花云龙纹捧盒

糖果什么的。这件东西算小号的，是一个瓷质捧盒，底下写着“大清光绪年制”，两条龙画得非常好。但是从专业角度来看，这件东西的白地比较白，有点儿像早期雪花膏的瓶子。龙画得很标准，但是画得非常僵化。鬣毛的五叉跟大笤帚似的，云纹画得像枝杈子，这种画法比较笨拙，但恰恰是光绪时代的一个特点，包括海水都画得比较僵化。一个时代有一个时代的特征，清代初期和晚期与明代的初期和晚期呈现的态势都是一样的，一到了朝代后期，所有的东西都呈下降趋势。尽管非常努力非常认真画了这样一个捧盒——二龙戏珠，但是从细部上看，它传达了这个时代即将衰败的信息。

一身数变清龙纹

龙作为中华民族的精神象征，伴随着华夏五千年的文明史,也见证了历朝历代的更迭。进入中国最后一个封建王朝清朝，龙纹在明朝龙纹的基础上显得更加成熟，跟我们今天对龙的认知非常接近。

清军入关以后，一开始出现的龙形态比较模糊，经常出现一身三现、一身五现、一身七现乃至一身九现的龙。“一身三现”就是龙在云纹中有三段身子可以看清楚，其余的都被云纹遮盖，这都是清早期龙的一种简单画法。这种画法可以体现当时的人，包括统治者的心态，这种心态在一定程度上还是游移不定的。但是到了康熙时期，这种游移现象就消失了。

清朝前期即康雍乾三朝的龙纹有一点儿变化，但在整体上显得比较强势。到了清朝中后期，就跟明朝一样，国家开始衰弱，龙纹也慢慢衰

清康熙　五彩加金海水龙纹大盘
口径 39 厘米　故宫博物院藏

清雍正　斗彩龙凤纹盘
口径 44.5 厘米　故宫博物院藏

弱。总体上讲，清代的龙纹是经过了历朝历代的演变最后定形的龙纹，它非常成熟。

下页的豆青釉浮雕云龙纹天球瓶是清乾隆时期的宫廷瓷器，上面有两条龙纹，正背各一条，两条龙相互呼应，手法显得非常成熟。这是刻工的，而不是画的。在瓷器上刻比画要难很多，因为它是立体的，摸着有很强的凸凹感。从龙身子的布局来看，龙头、龙脚、眼睛、龙爪及其力度，还有龙身上的肌肉都表现得恰到好处。乾隆时期的龙已经非常丰满，并且跟康熙时期的龙比起来多了一分规矩，而康熙的龙野性还很强。我们从这样一件瓷器就可以知道，龙作为皇家文化的象征，作为中国传统文化的代表，在这个时期已经变成了一个规范之举。龙可以上天入地，不惧怕自然界的任何风险，这件云龙瓶上纹饰大都是云纹，云纹中间杂火焰纹，我们可以看到一条腾云驾雾的龙，以及一条在火中穿行的龙的气势。过去有一个画片叫“教子升天”，就是一条大龙教小龙怎样去继承它的威严。皇帝也面临继承的问题，比如康雍乾祖孙三代，他们怎样治理国家，怎么在朝代的更迭中转换，这些在古代都是有规制的，而且也

清乾隆　青花胭脂彩
云龙纹双耳扁瓶
高 29 厘米　故宫博物院藏

清乾隆　青花胭脂彩
九龙纹梅瓶
高 31.5 厘米　故宫博物院藏

清光绪　粉彩开光
云龙纹贯耳瓶
高 30.5 厘米　故宫博物院藏

清乾隆　豆青釉浮雕云龙纹天球瓶
高 53 厘米　观复博物馆藏

清康熙　矾红鱼龙变化纹笔筒
高 13.5 厘米　观复博物馆藏

是有期望的。

上面的矾红鱼龙变化纹笔筒是一个典型的清康熙时期的笔筒，用矾红画着两条红龙，分为正、反两面。两个姿态相若的立龙从水里直接升起来，龙身子是拧动的，充满了弹性，并极富杀伤力，这就是一个民族在上升时期的具体体现。龙这个话题我们从汉代讲到了清代，实际上是借龙这样一个物象来讲我们的历史。历史永远不会一成不变，而是有起有伏。正因为如此，我们才应该珍惜历史，了解历史。看到康熙时期这样有朝气的龙，我们就能知道那个时候国家的态势。有媒体认为，中国 2012 年发行的大龙邮票过于凶猛。我们翻过头去看 12 年前、24 年前发行的龙票，就会发现这二张龙票的不同。龙变得越来越有气势，因为我们的国家逐渐富强起来了，逐渐在国际上有了分量。

1. 故宫的“正大光明”匾额是由谁题写的？

马未都评：我们经常看有关清代的电视剧，皇帝办公的时候后面都有一个匾额，这个匾额非常大，悬挂在正中央，写着四个大字“正大光明”。这块匾在清代宫廷中非常重要，黑地金字，悬挂于乾清宫。“正大光明”匾之所以有名，是因为它后面有很多故事。首先，这块匾是清军入关以后顺治皇帝书写的，继任者康熙皇帝下令把它刻石拓片，所以它是黑地子，并悬挂于乾清宫之上，要求所有的皇帝（包括他自己和后来的皇帝）做事一定要正大光明。另外，在清朝的宫廷里，皇帝比较重视接班人问题。以前宫廷中采用公开建储制度，哪个皇子来做接班人是明确的。在这种情况下竞争激烈，

斗争残酷，所以从雍正以后就开始实行秘密建储制度，即把指定的接班人由皇帝亲自写在纸上，装在一个匣子里搁在正大光明匾后面，皇帝去世以后在众目睽睽之下取下这个盒子，让所有的人看到谁是接班人。这套秘密建储制度使后来清朝的接班人问题变得简单易行，不再像过去那么惨烈。传说雍正有篡位嫌疑，一说是“传位于四子”，一说是“传位十四子”。在历史上不会出现这种情况，因为清朝的公文都是满、汉两种文字书写的，改一种文字是没有用的。

2. 雍和宫是谁为雍正修建的?

马未都评：北京除故宫以外还有一些皇家建筑非常有名，比如雍和宫。雍和宫是雍正的父亲康熙皇帝为他修造的。雍和宫原来是和硕雍亲王府，雍正登基以后自己在雍正三年改为雍和宫，到了乾隆九年才改为喇嘛庙。我们知道清朝的皇帝都笃信佛教，尤其信藏传佛教。雍和宫的建制是一个非常独特的宫廷建制，它融合了汉藏文化，尤其是后面大殿里的佛造像宏伟巨大，令人震撼。雍和宫今天还是北京非常重要的旅游景点，大部分第一次来北京的人都愿意去故宫和颐和园。实际上雍和宫是一个非常好的去处，是块宝地，因为这里出了两位皇帝，一个是雍正，一个是乾隆，乾隆生于康熙五十年（1711 年），当时还叫雍亲王府。

康雍乾三朝龙纹的变化跟这三朝政治的变化几乎是吻合的。康熙处在清朝初期，当时江山还没有彻底平定，政治不是那么安定，所以龙纹所体现出来的态势都非常凶猛，龙身子拧动的次数非常多，爪子锋利，目光凶狠，反映了当时满族人的一种心态，一定要靠自己凶猛的力量来制服中原。康熙后期的龙相对就比前期的龙柔和了很多，但还是具有很大的杀伤力。雍正的励精图治在中国历史上，尤其在清代历史上非常有名，清朝进入了一个跨过百年的盛世，这在中国封建史上是绝无仅有的。雍正皇帝表现了他的政治天赋，他对朝廷的治理高于他的父亲，也高于他的儿子，所以雍正时期的龙相对来说还是保留了清朝初期那种凶猛的力量。但是到了乾隆时期，歌舞升平，这时的龙已经不是能够出征打仗的龙了，而是安于在家里享乐的龙了。

3. 中国历史上能够保存到今天的九龙壁有几处?

马未都评：中国建筑中有一个非常重要的建筑叫影壁。在大的皇家建筑、私人建筑甚至是农家小院里，一进门都有一个影壁。影壁是干什么用的呢？有一种说法，说影壁首先是“隐”，就是隐藏起来，“壁”就是回避。过去院子经常是门大敞四开的，路人走过的时候一眼就看进去了，要是有一个影壁挡着就看不进去。影壁有多种多样的形式，最常见的是一字形，还有八字形的。最有名的影壁就是九龙壁。

如果今天有机会去故宫参观的话，一定要去看故宫的九龙壁。但这不是最大的，尺寸最大的九龙壁在今天山西大同市。大同的九龙壁高 8 米，有三层楼高，厚两米多，长 45 米，非常壮观。它建于明初洪武年间，是我们国宝级的建筑。第二大的就是北海公园的九龙壁，长 25 米，差不多是大同九龙壁长的一半，高 6.9 米，也有两层楼高了。最小的反而是故宫里的，这是因为故宫里本身建筑的原因，不能把影壁造得过大。故宫九龙壁长只有 20 米，高只有 3.5 米，是用琉璃一块一块拼装起来的，龙的颜色有紫色、蓝色、黄色还有白色，每条龙的形态都不一样。我记得故宫的九龙壁上，白龙身上有一块瓦由于当年施工的问题日久天长破损了，后来用一块楠木修复后刷上白漆，不注意看也看不出来。九龙壁作为一个皇家的建筑，很大程度上是在宣传皇家的龙文化，九是阳数之极，龙神态各异则表现了皇家的威严和规范。

古玩门诊

古玩一

清雍正　青花过墙龙纹盘

这是一个龙盘，盘子里的图案有龙头、龙身、爪子，然后甩出盘子、翻身上了背面，这俗称“过墙龙”。从它的砂底可以看出，它是清代雍正时期的作品，距今有270多年了。这种过墙龙的盘子在雍正时期非常流行，一直到乾隆早期，是那个时期表现龙纹的典型文物。

古玩二

这是康熙早期的一对观赏小瓶，颜色发青，有点发鸭蛋青色。上面画的是《四美图》，每个瓶子上都画了四个美人。我们不能用今天的绘画技巧来要求古人，古代工匠画画都是发自内心的。可以看出，这上面的美人病怏怏的，不是很健康，看上去很柔弱的感觉。这种带有描金的龙耳在明朝多一点，康熙一朝非常少见，几乎不见。这件东西从某种意义上讲还是康熙时代有点摹古的作品，这个尺寸特别合适搁在案头上。这么一对真品历经300多年还能保存得这么好，实属难得。

清康熙　青花仕女图兽耳酱口瓶

古玩三

清光绪　矾红加彩龙纹玉壶春瓶

这个瓶子的造型叫玉壶春，撇口，细颈，圆腹。过去玉壶春瓶是盛酒的，拿着很舒服，倒酒也很方便。玉壶春瓶唐代已经开始有雏形了，后又经宋、元、明再到清代，造型越来越成熟。清代玉壶春最成熟的造型是康雍乾三朝的，到了清后期造型就变得越来越臃肿。这个造型恰恰带有清后期的特点，应该是光绪本年的。再看画法，先说它的辅助图案云纹。这个云纹有三种颜色，画得非常图案化，已经不太像云彩，后面还出现了一个“日”字。非常少见，从理论上讲，可能是一对，就是一个“日”、一个“月”。

另一面的凤凰相对龙纹来说画得比较弱，脖子也细，不成比例，却恰恰是那个时候的特点。这一件是清朝末年光绪年间的瓶子，再后面一朝是宣统，然后清朝就结束了。光绪时期的龙已经呈现出老态，胡须都是往下的，完全是疲态，明初、清初的龙即便往下，但最后一角还是会翘上来。这传达出那个时期国家的态势，龙是强努着精神，腿在那儿支着，似乎不一定能扛多久了。

克己复礼说礼艺

《周礼》说“养国子以道，乃教之六艺”，六艺为礼、乐、射、御、书、数。从这一篇开始，我们就来依次了解这六艺，了解一下古代君子要掌握的这六项技能。

这个碗四周写着“礼、乐、射、御、书”，碗心写着“数”字，我们先从礼开始讲，因为礼在生活中非常重要。礼是规范我们生活的道德水准及行为准则，每个人应该不断提升自己的道德水准。今天的教育主要讲究德、智、体、美、劳全面发展，古代教育对一个人的成长首先注重德，要求每一个对社会有责任感的人都要接受很正统的道德教育，从一个幼小无知的孩子成长为对社会有用的人。德对一个人来说是非常重要的，而礼是一个表面形式，通过这个形式能看到一个人德的水准。

明晚期　青花六艺文字碗
口径 10.8 厘米　观复博物馆藏

西汉　青玉夔龙蒲纹璧
直径 27 厘米　观复博物馆藏

唐代　三彩文官俑
高 73 厘米　观复博物馆藏

左图是一块汉代的璧，距今已有 2 000 多年了，直径大约 27 厘米。这么大的一块玉璧并不多见。我们知道，璧在中国玉器当中是用来礼天的，所谓“以苍璧礼天，以黄琮礼地”。古人做这样严谨的一块璧，可以从中看出他内心的虔诚。它有双层纹饰，在纹饰中做的是蒲纹，旁边还有饕餮纹。这么漂亮的璧能传到今天，传递的不仅仅是物质，更多的是它礼的精神。古人说“仓廪实而知礼节，衣食足而知荣辱”，我们今天丰衣食足，应该知道什么是荣、什么是辱，无论在生活当中碰到什么样的情况，无论我们每个人在社会上处在什么样的地位，我们都应该知道礼对中国人的重要性。

右图是大家都比较熟悉的唐三彩，是一个文官像。它的帽饰、服饰

> 道德仁义，非礼不成；
> 教训正俗，非礼不备；
> 纷争辨讼，非礼不决。
> 君臣、上下、父子、
> 兄弟，非礼不定。
> ——《礼记·曲礼》

和人物姿态都是讲究礼仪的。我们过去老说“坐有坐相，站有站相”，文官在朝廷上一定要有站相，这就是礼仪。今天依然是这样，在重要国事的时候，所有的仪仗队、官员都要站得很直，这表明了人们内心对事情的尊重。这就是礼的一个基本特征。

道德规范是约束内心的，但是礼仪是约束行为的，所以《礼记》中就说“道德仁义，非礼不成”。又说“教训正俗，非礼不备”，就是说教育可以纠正一个人的行为，改变习俗或者证明习俗的时候，礼是最周全的。“纷争辨讼，非礼不决”是指我们生活当中经常会发生口角或矛盾，辨讼是指我们到一个公共的场合，比如要去法庭来评判，一定要通过这个事情来判断谁对谁错，遵循的原则就是“君臣、上下、父子、兄弟，非礼不定”。这就是《礼记》中的主导思想，就是说我们生活当中要注重礼，不要认为它仅是个形式而已。今天的人不大讲究形式，所以我们现在其实应该重拾这些传统的礼仪文化，在生活当中既是尊敬长辈的体现，也是对自己修养的一种提升。

观复学堂

1. 古代“牺牲”的本意是什么？

马未都评：礼仪行为当中，除了一些个人行为外，更多的是国家在规定的日子里进行大的祭奠活动，这种礼节是非常隆重的，比如今天的庄重仪式是升国旗、奏国歌。古代的礼仪有很多复杂的仪式。我们今天经常说的“牺牲”这个词，跟古代有很大的差异。今天讲的“牺牲”无非是两个意思：第一个是指为了正义的目的舍弃自己的生命，为国捐躯；第二个是指放弃或损害某种利益，比如“我牺牲了我的休息时间”。

古代的“牺牲”是指祭祀当中为祭祀活动专门摆的动物，“牺”和“牲”不是一件物品。古人的用词非常严谨，“色纯为牺”，祭祀用的猪、牛、羊一定是单色的，不允许是花的，所以“牺”的本意是指单色。“牲”是指体全，祭祀的时候为了表示虔诚，要把整猪、整羊、整牛摆在上面（后来就没那么严格，只搁上猪头）。这是祭祀时要有的尊重态度，所以牺牲的本意是指祭祀的贡品。

古人在祭祀的时候，各种贡品是非常多的。我们老百姓非常熟知的有天子用“九鼎八簋”，鼎和簋都是祭祀用的器具。鼎和簋有什么不同呢？北京有一条饮食街叫“簋街”，那个街口上有一个簋。鼎和簋在祭祀当中是有严格区分的，鼎高于簋，在祭祀当中鼎是搁肉的，簋是搁粮食的。

今天离那个时代很远了，我们要了解自己的文化，知道我们的文化有多么厚重。现在一个人只有为国、为公才叫牺牲，如果是背叛民族的利益，肯定不能叫牺牲，那叫死有余辜。

2. 孔子提出了“克己复礼”，具体该怎么解释？

马未都评：今天的年轻人可能很少听到“克己复礼”这个词，但是从 20 世纪 70 年代走过来的人一定非常熟知，当时有很长一段时间报纸上天天提这四个字，而且是以批判的态度来看待“克己复礼”这种思想。历史上曾经有对也有错，错过也纠正过，我们今天开始纠正过去曾经有过的错误，对“克己复礼”这个词可以再回顾一下。

这个故事出自《论语》。孔子有个弟子叫颜渊，他问孔子什么是仁，孔子就告诉他克己复礼为仁。然后他就问老师：您再跟我说得详细点行吗？孔子就给他具体解释：“非礼勿视，非礼勿听，非礼勿言，非礼勿动。”颜渊于是说：我虽然不够聪明，但是我愿意努力去做。这个态度非常好。古代先贤的著作浩如烟海，我们很难都掌握、都遵循，但是每个人都应该从内心愿意去做，这个态度是最好的。

单就这句话当中的“非礼”二字，在古代又作何解释呢？古代说“非礼”是指不遵循礼仪制度。我们知道“三礼”是《周礼》、《礼仪》和《礼记》，这是古代先贤留下的一份规矩。这个规矩曾经长时间地影响中国人，凡是社会祥和安定、制度严谨的时候都遵循一种礼仪，凡是社会动荡尤其进入战争状态的时候，都不遵守这种礼仪。今天其实全社会都在呼唤礼仪的出现，都希望很多事情有规章制度可循，强调一种社会秩序，同时也希望全民族从每个人做起，去努力向这方面发展。

3. 孔子曾经说过一句话来概括礼的应用：“礼之用，________。”

马未都评：2008 年中国举办了北京奥运会，世界上最大的体育盛会能在我们国家举行，尤其在当时是建国59周年，还没满一个甲子的时候，实际上是国富民强的一个标志。在这样的体育盛会中，我们运用了大量中华文化的元素，其中有一个元素就是“礼”。

北京奥运会开幕式开始的时候就说了“礼之用，和为贵”，这句话实际上说的是礼的目标，就是要达到“和”的标准。礼在社会实施当中实际上是寻求“和”。中国人历来是讲中庸的，中庸之道在某种程度上、在某个时期对中国人的帮助非常大，使中国人的内心能得到舒缓的感觉。我们的文化不是非常强调要强大，要超过别人，而是经常强调一种中庸。我们看到北京奥运会的开幕式上最后表现了一个很大的“和”字，它就是“礼之用，和为贵”的具化。“和”字有“和气、和谐”的意思，这种“和”是内心之和，是人与人之间一种舒缓的关系。我们特别不希望人际关系是紧张的，不管是在家庭、社会，还是与左邻右舍，不管是熟人还是生人，大家都希望人际关系是和谐的。生活中经常可能碰到生人，怎么能和谐地相处，知道礼让，知道这种社会秩序呢？这一点非常重要。

古玩门诊

古玩一

明嘉靖　青花缠枝莲纹瓶

这是一个残器，本身是个葫芦器。葫芦器最流行的时候是明代的嘉靖万历时期，尤其在嘉靖一朝盛行，因为嘉靖皇帝崇尚道教，对葫芦很感兴趣，所以五花八门的葫芦器差不多都是那时候的。这件东西从画风上讲有点晕散，晕散是嘉靖万历时期的特征，画的也是这种普通的缠枝莲花。这个时期的瓷器在工艺上不够讲究，比较粗糙，当时是交了差了，但是内在质量不好，时间长了就容易出毛病。这里头的鸡爪纹就是内在的质量问题，当瓷土淘得不纯净、有杂质的时候，它里头在长时间的作用下就会有一点开裂，时间很长就变黄了。不过400多年的东西能保存到这样已经很不错了。

古玩二

这是一个康熙年间的大盖缸。这种造型、纹样、瓷质，都是典型的康熙时期的特征。画的是山水，康熙时期的山水画得是最漂亮的。墨分五色，远山近水这种感觉非常好。当年在瓷器制作的鼎盛时期，瓷器大

清康熙　青花山水人物纹盖缸

量出口，所以要适应国外的一些文化，比如法国人、英国人最喜欢把它用金属包起来。这个技艺非常非常难，瓷器一磕碰就坏，这么厚的金属包在上头，我到现在也不知道是怎么包上去的，这在当时有非常高超的技术含量。铜的质量非常好，锯口都是金色的，跟鎏过金似的。今天这类东西绝对不能动，第一是根本弄不开它，不可能拿个锯锯一锯，然后给抠下来，而且锯的时候非常有可能把这些本身没有毛病的地方给碰坏。这件东西已有300多年的历史了，它的身世我们不清楚，唯一清楚的是一个大的走向，就是当年生产的如此精美的东西走向了欧洲，今天又被藏友给请回来了，这是国家的幸事。

古玩三

这是一件礼器，叫豆，今天我们去天坛或者故宫都可以看到。豆在祭祀当中是一种非常重要的礼器，生活中一般不大用，因为它重心太偏上，一旦装了东西以后非常容易翻覆。但是供奉的时候是没有人靠前去动手的，所以它就可以用来供奉。这件东西的颜色非常特别，在瓷器中不多见。我们知道，在明清两代祭祀的时候，颜色是有明确含义的，主要是红、黄、蓝、白四个颜色，红色是日坛，蓝色是天坛，白色是月坛，

清中期　天蓝釉豆

黄色是地坛，这跟我们能认知的颜色都是吻合的。想必这件东西是在天坛祭天用的，这件东西的所有特征直接指向清中期。从一般祭天的蓝色上讲，这件东西烧得有点儿过了，就是颜色深了一点儿，但正是这个深显出了它的独特性，看着飘逸干净，而且这么大个儿的豆确实不多见。

怡情修性说乐艺

音乐对我们今天人来说，不仅仅是闲暇之余的一种放松方式，更是一种对艺术的感悟、情感的交流。在古代，音乐是知识分子的必修课之一。我们今天实行九年义务教育，每个人都有受教育的机会，但古人不是人人都有这个机会的，所以他们的音乐教育显得比今天重要。我们今天的音乐教育跟古人比起来要弱很多，因为今天有大量的社会音乐教育，比如我们一生下来就听歌，还会经常看一些晚会或者参加一些娱乐节目，这在古人生活当中是没有的。

关于音乐是什么时候诞生的，目前没有定论。在最早的时候，古人可能是通过有节奏的拍子开始产生了韵律。人类在情感传达的过程中，语言越来越丰富，人的声音也越来越丰富，今天人们唱歌都有很多种唱法，比如通俗、美声、民族唱法，经过训练以后，人的发声能力比古人丰富了很多。古人会模仿动物的叫声，我们可以推测古人是通过这种叫声来传达情感的，后来逐渐演变成音乐。

音乐除了能够给人带来一种愉悦的感觉之外，更重要的是可以提高自身的修养。一个人走上社会，很重要的一点就是修身养性，音乐就对人的修身养性有很重要的作用。古人就要求每个人（尤其是文人）有机会去接触音乐。

这是一件清康熙晚期的五彩演乐图棒槌瓶，已经有300来年的历史了，图中女乐师们在吹笙、吹笛、弹琵琶、打镲、敲云锣等等。可以想象，今天的人穿上这样的服装上去演奏也非常漂亮。从她们的神情、状态来看，我想她们当时演奏的一定是首吉曲。我们今天非常强调保护物质

清康熙　五彩演乐图棒槌瓶
高 46 厘米　观复博物馆藏

清康熙　五彩演乐图棒槌瓶（细节图）

文化遗产，但非物质文化遗产很难保护。我们能看到 300 年前的瓷器，上面画着一支乐队，但是她们演奏的曲子我们就无从得知了。大量非物质文化遗产都在生活中逐渐消亡了，古人创造了很多美妙的音乐，可惜我们今天听不到，能听到的只是微乎其微的一部分。

我曾听过一支很有意思的古曲，它是日本流传下来的，就是当年的日本遣隋使和遣唐使把我们的隋唐音乐复制下来以后，一千年来没有改过。日本人和中国人有一个很大的不同，就是中国人非常愿意改，什么东西到了自己手里都愿意多少改一点，千年以后就逐渐改得面目全非，谁都不认识了。而日本人讲究不能改，谁都没有权力改，所以我第一次听到那样的隋唐音乐就感觉非常震惊。那时的音乐跟今天有明显的区别，声音幽怨悠长，听起来好像很单调，但是远比今天这种热闹的音乐更感染人。今天大部分人的精神生活是充实的，因为有现代化的科技，通过收音机、电视、网络等媒介向全国乃至全世界去传播。过去这支乐队的演奏，就仅限于到场的那些人能听到，而且数量不能过大，因为它没有今天的这种现代化的扬声设备把声音传得很大。我想当时能听到这样演奏的人不会超过 100 人，今天一支乐队可以使上亿的人听他们演奏，这就是今天科技的力量。

清康熙　黑漆点螺钿人物仙鹤纹长方盒
长 42 厘米　观复博物馆藏

这是一个清代的黑漆长方盒。这种漆盒明代末年北方的山西地区非常普遍，是很民俗的藏品，这件拜匣可以用来送信，也可以临时放一些杂物。这种工艺叫识纹描金，在它的原始状态下完全是闪金的，今天大部分金都磨掉了，露出了底漆。上面的画片非常漂亮，有一个人在弹琴，有主人在听琴，身后有一群美女。所有的乐器可以统称为“琴之下”，中国最早的古琴就是七弦琴，这种琴能弹出很幽怨的声音，也能弹出很优美的乐曲。古人说的“琴棋书画”中的“琴”指的就是画片上这种古琴。

乐对修身养性非常重要。我们之所以异于禽兽，就是因为我们不断加强自身的修养，让我们的行为更加规范、更加优雅。所以我们在生活中不仅要学习乐这一门技艺，更要注重一种内心的修炼，达到古人常说的“修身、齐家、治国、平天下”的境界。

1.在我们传统乐器中，以一个人的姓氏命名的乐器是什么？

马未都评：我们古人创造了很多乐器，每种乐器都有自己的名字，有一种乐器的名字是用人名命名的，它就是阮。“阮”这个姓在北方不多见，南方较为多见，在我们以前的藩国越南也很常见。阮是一种乐器，有“古琵琶”之称，“立柱四弦”是弹拨用的。阮的出现跟魏晋时期的“竹林七贤”有关，“七贤”中有一位名士叫阮咸，在南朝“竹林七贤”拓片上，可以看到抱着阮咸的阮咸，这种乐器就叫“阮咸”，后来简化成“阮”。竹林七贤逃避现实，相会于竹林，各自发泄自

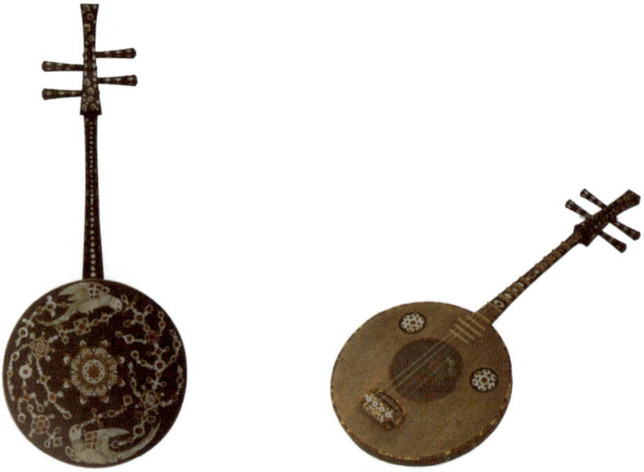

唐代　嵌螺钿阮（正面、背面）

竹林七贤拓片

己心中的郁闷。这一组拓片上“七贤”手持的都是弹拨乐器，他们通过乐器来进行心灵上的沟通。乐器可以把心中不能述说的事述说出来，把无法表达的事表达出来，这就是人与人沟通的一种方式，用乐器的声音传达自己内心的情感。

2. 文艺工作者把深入民间汲取创作灵感叫“采风”，为什么叫“采风”？

马未都评：我们过去有很多耳熟能详的歌，比如《山丹丹花开红艳艳》、《东方红》，原曲调都是民间创作的。文艺工作者下去到民间把这些歌收集上来，重新进行加工创作，这就叫“采风”。这跟我们的《诗经》有关，《诗经》中的《风》、《雅》、《颂》是中国最早的诗歌，《风》的部分都是土风歌谣，《雅》分“大雅”、“小雅”，主要都是贵族音乐，《颂》就更是贵族音乐了。《诗经》共有 305 篇，其中《风》占了大部分，总共有160篇，《雅》有105篇，《颂》只有40篇。

在文艺创作当中，尤其是到了现代，很多人都会从民间汲取营养，这对我们的文艺创作其实是大有好处的。我年轻的时候写过小说，过去有个词叫“深入生活”，今天因为生活节奏太快，很多跟老百姓关系紧密的文艺作品都不尽如人意。比如有的电视剧一看就是编造的，演员没有生活，所以文艺工作者要深入民间，多多体验生活，汲取创作灵感。

3. 何为“音”，何为“乐”？

马未都评：我们今天对音乐的理解未必跟古人相同，现在主要有两种解释，一种解释说，古人认为“音”分为两个部分，一是人发出来的声音，比如人唱歌，二是演奏乐器的声音。“乐”是一种情绪的表达，某种意义上讲是欢乐。另一种解释说，《说文解字》中把“乐”分为“五声”和“八音”。“五声”就是宫、商、角、徵、羽，也称五音，“八音”指的是金、石、丝、竹、匏、土、木、革八种乐器。

古玩门诊

古玩一

清中期　鹅形玉坠

这是一个清中期的玉坠。造型做得非常生动，是一个回头的鹅，嘴里衔着一个莲蓬，鹅回头的幅度非常大，荷花是一种半谢的状态，还带有一点花，中间的莲蓬已经出来了。我们知道，满族是渔猎民族，对水上游的东西都很感兴趣，所以这是清代人的表现主题。这件东西大约在乾隆年间是很常见的。由于这块玉大小有限，工匠就做了一个鹅回头的造型。玉质也不错，是典型的新疆和田玉，非常莹润。

古玩二

南宋　龙泉窑梅子青釉鬲式炉

这是一个标准的鬲式炉，最早是青铜器的一种造型。龙泉釉色最好的时期是南宋，后来到了元代、明代，即使烧得再好，也没有这件的颜色漂亮，因为南宋的政治中心在浙江。我们古代的经济中心都是伴随政治中心而行的，南宋定都临安，迅速带动了龙泉窑的烧造，当时的颜色叫“梅子青”。这件东西就是那个时期的，颜色非常漂亮，里头有陈旧的痕迹，口上有一些历史的瑕疵。这种炉过去是烧香用的，宋代香道盛行，香的应用范围很广，除了我们今天常见的柱香、盘香之外，还有散香、塔香等。

古玩三

明晚期　哥釉过笼

这种东西不是很多见。中国人生活中特别注重情趣，有的情趣现在可能消失了，所以我们不明白它是做什么用的。这个东西有个专业的名字叫“过笼”，还有一个俗名叫“鱼串”，实际上是在说它的功能。

过去中国人养金鱼不是搁在玻璃缸里的，当时也没有玻璃缸，不管是瓦盆、木盆还是瓷盆，都是搁在盆里的。中国人看金鱼是俯视，绝对不会正视，热带的神仙鱼无论多漂亮，往鱼缸里一搁就是一条线，这就不好看了。看金鱼的时候要平添情趣就需要用过笼，鱼在里头来回钻。鱼钻来钻去不是为了生存，而是一种乐趣。这种东西明末生产得最多，尤以龙泉造的比较多。但这件东西是景德镇做的，比龙泉的更珍贵一些，开片仿哥窑或者是仿官窑。哥窑和官窑的釉色都是等级比较高的。这件东西大约是明末清初的，生产量不算特别少，但是保存下来的不多，因为这类东西不好保存，也不能移作他用。比如古人烧造了很多香炉，后来不用了，可以挪作他用，装个物件甚至当个和面盆。但这种东西一旦失去了它的功能就没用了，往往就被扔掉了，所以能完整地保存到今天非常不容易。

君子必备说射艺

“六艺”按照顺序来说，是礼、乐、射、御、书、数。第一是道德修养，第二是自身的素质培养，第三是技能，本篇要讲的就是技能。引申到今天的社会中，技能可以说是一种专业。对一个人来说，这个专业对他的一生都是有好处的。我们社会的分工越来越详细，跟古代社会有些不同，古代社会在技能方面的范围比较窄，比如射。从某种意义上来讲，射是一种军事技能。历史上战争非常多，每个人都应该掌握基本的技能。

古代战争一般是两军相遇，弓弩在先，因为弓弩能射出一定的距离。狩猎是远古时代人类谋生的手段，弓的发明早于弩。古人很早就发现远距离猎取猎物的时候需要借助工具，最早是石块，可以捡起一个石头就投掷出去，还有其他的工具，比如棍棒。到了辽金时期，少数民族会用一根木头，木头上拴一个皮绳，皮绳前头有一个金属物或者是石头，这叫“骨朵”，抡圆了以后打出去，打得非常准，捕猎兔子、狐狸这种小动物非常有效。古人发现当一个木质的或者竹质的弓体上弦以后能够拉开张力，射出箭，所以觉得这个兵器非常有效。

人类的文明史中，冷兵器时代远远长于热兵器时代。弓弩算是冷兵器之王，跟以前讲过的利兵器和钝兵器不一样，它是一种发射兵器，在一定的距离内有杀伤力，所以掌握这种技能对当时的人的重要性就不言而喻了。除了做一些军事准备以外，射艺更重要的是对平时生活和素质的训练。射箭的时候，人需要全神贯注，需要对事物有判断力。不要以为射箭很简单，真的持弓箭的时候，就知道射中靶子是非常不容易的，更不要说射中靶心了。

清雍正　粉彩狩猎图将军罐
高 42 厘米　观复博物馆藏

这件瓷器是大家熟知的将军罐，它的得名是因为造型像一个穿着盔甲的将军。将军罐是清初从康熙到乾隆非常流行的一个造型。这件将军罐的彩瓷是雍正时期的粉彩，画在青花上，这种画法非常少，看着非常艳丽。上面是一幅狩猎图，有骑马射箭的图像，这只是打猎，或者说只是平时的一个训练，不是战争的场面。射在古人的生活中非常重要，除了有军事目的，还有生产目的。这个工具当时还不能说是兵器，应该只是一个工具，后来逐渐引用到战争当中。人类发现，用弓把箭射出去的时候自己的一部分能力得到了延伸，这个能力就是一个技巧。

清雍正　粉彩八仙纹笔洗
口径 23 厘米　观复博物馆藏

这是雍正时期的一个笔洗，使用的痕迹非常重，保存的状态不是很好，唯一好的是它的画片。画片的颜色非常丰富，画了八个人物，就是我们熟知的“八仙过海”。通过这样一个东西，我们可以更深层次地了解技能的含义。射在古代是一个专门的技艺，是一个人维持生命的保证。比如古人需要去猎杀动物，虽然今天是不提倡的，但古代是要借此保证自己的生存质量；再比如一个国家需要用一种武力保障国家的安全，后来延伸为一种技艺，然后发展为一项体育运动。今天的技艺很多，“八仙过海，各显其能”，每个人的技艺不同，生活中不管去学习什么，不管学习的是抽象的理论还是实际操作，都应该在专业技艺中达到个人努力的高峰。

1.成语“有的放矢”中“的”是什么？

马未都评：“的”是汉字中最常用的字，出现频率最高的念“de”，还有一个发音是“dí”，比如“的确”。“有的放矢”这个成语中“的”念“dì”，是指靶心。这个字很有意思，我们可以拆开去解读。“的”字的左边是“白”，本意是指大白天，射箭都能看得见；右边是“勺”，这个字的古音就念“dì”，是指“一点点”，比如一勺粥、一勺汤，只是舀了一点出来。合起来“的”就是白天中的一点，就是靶心，古人说“有的放矢”就是得有靶心。

2.诗句“但使龙城飞将在”中的“飞将”指的是谁？

马未都评：唐诗中有很多著名的诗句，边塞诗是其中一种类型，因为当时国境处经常要打仗，所以很多文人奔赴前线，留下了很多边塞诗。“但使龙城飞将在”出自王昌龄的《出塞》，这是唐诗中最著名的边塞诗之一，诗中的“飞将”说的是李广将军。李广非常有名，他从小臂力过人，一生中非常喜爱射箭，而且有射箭之癖好。这首唐诗写得非常动人，一开始说“秦时明月汉时关”，是互文用法，用的是名词的堆砌。一般来说诗人都不敢这么去写，他用了这两个堆砌，反映了时代的变迁，这些景象都没有变，变的只是人和时代。

出塞

秦时明月汉时关，
万里长征人未还。
但使龙城飞将在，
不教胡马度阴山。

塞下曲

林暗草惊风，
将军夜引弓。
平明寻白羽，
没在石棱中。

除了这首诗以外，著名的边塞诗还有卢纶的《塞下曲》四首之一，其中“将军夜引弓”中的“将军”说的也是李广。李广将军臂力过人，一箭射出去，箭直接就扎进石头里了。史书上有这样的记载，唐朝人才写了这样的诗。不管它是史籍上的描述还是文学中的描写，对于今人来说都是一个精神支柱。在今天的社会中，掌握一门技艺或者说数门技艺是非常重要的，我们常说“艺不压身”或“技不压身”，多一门技术可以走遍天下。很多技术是会逐渐过时的，由于新技术的提高，很多东西就要重新学习。人一生中在学校学到的东西是很少的，更多的是走上社会后学到的技艺。每个人都依赖自己的技艺生存，不管是做什么的，自身的这门技艺应该掌握好。不要认为普通的事情不讲技艺，越普通的事情越包含很多道理。比如说拾荒，很多人在社会中是靠拾荒生存的，我们可能觉得这没什么技艺可谈。我注意观察过，拾荒人知道什么东西在什么地方出现，这就是长时间积累的经验，最后变成谋生的手段。在社会的任何一个层面生存都会有一种潜在的技能，就看你努力不努力了。

3. 现代奥林匹克运动中，射箭项目的射程是多少米？

马未都评：射箭从最早的谋生手段演化为战争用的武器，再到当代变成了一项运动，还被列入现代奥林匹克项目中。一般人会忽略射程这个细节，非专业人士有时候对距离没有概念。世界锦标赛的射箭规则跟奥林匹克不一样，男子射箭世锦赛的竞赛规则跟女子也不一样，它的预赛射程是：

男子：90 米、70 米、50 米和 30 米

女子：70 米、60 米、50 米和 30 米

之后的淘汰赛和决赛中，男子、女子和团体赛均为 70 米，所以奥林匹克就把 70 米定为射箭的标准射程。有一件事情挺让人遗憾的，射箭说起来是中国一个非常传统的文化，不管是我们刚才所说的狩猎、战争还是到了后来变成一种体育和考核。比如唐代武则天时期就开始设武举人，要考射箭，唐以后历朝历代都将其作为一门宫廷的考试，民间射箭也有这种比赛和考试。但是我们近些年把这门技艺给丢了，能够射箭的好像全是专业的人士，很少有业余的喜欢射箭。我们业余都去打高尔夫、打网球去了，对这种枯燥的体育训练大家兴趣不足，而恰恰是我们的邻国韩国非常普及。现在奥运会比赛当中韩国选手占优势，他们之所以能够在世界大赛中获得很好的成绩，跟其运动的普及和投入有关。希望将来中国人能够在射箭方面奋起直追，把过去的荣誉夺回来。我们真的应该多多地关注射箭这项运动，不仅仅是为了摘金夺银，更多的是为了铭记我们祖先的传统和精神。

古玩门诊

古玩一

清康熙　青花鹤鹿同春将军罐

这是一个康熙中期偏后的将军罐作品，可惜盖丢失了。它颜色非常漂亮，是康熙时期的翠毛蓝，画的是一个固定的画片——“鹤鹿同春”，也叫“鹿鹤同春”。“鹿鹤”谐音“六合”，“陆”和“六”通假。“鹿鹤同春”也是“六合”同春，是指“春夏秋冬，六合同春”，是一个常见的吉祥题材。将军罐的用途非常广泛，可以盛粮食，也可以搁鸡蛋、放杂物。但是大号的将军罐就不一定了，大号的将军罐在北方出土的有不少就是搁骨灰的。如果罐子上在不经意的地方有一个洞，这就是装骨灰的。古人认为那个地方灵魂出窍，不能把人闷死在里头，死了也有灵魂。这个将军罐是康熙时期最为标准的造型，它的曲线做得非常漂亮，肩膀做得非常丰满、圆润，到下面也收得特别好。

古玩二

这个盘子的年份大概是清乾隆时期的，它跟雍正的那种断龙盘子是

清中期　月下狩猎图盘

有区别的，它比较薄。雍正时期的竹子画得比它粗，不会画这么细，在我见到的这类盘子里画这么细的竹子是没有过的。这个图案很特殊，把所有的背景都去掉了，只画了一个在马上弯弓搭箭的人，画了鹿、猎犬，天上还有一只猎鹰，猎鹰的背景画了一个月亮。这月下狩猎图单看画面的话，年份一般肯定比较晚了，应该是100年以内的事了。但从它的底、圈足和背面来看，肯定是乾隆早期的，还有雍正的一些特点。我想这种东西为什么这么多年几乎不见，那它无非就是当时的一个实验品。可能当时有一个工匠，在画这类东西的时候超出了所有人的想象和习惯，画了这样一幅画，有些人就对它进行了一些评论或者批评，所以这一类的东西就没有扩散出去。我们看到大量这种盘子的图案都是固定化的，除了前面提到的“鹤鹿同春”外，还有“凤穿牡丹”、“过墙龙”、“松鼠葡萄”、“柳燕双驹”、“福禄寿”等等统一的图案。而这个图案的文物价值很大，能把我们过去认为的一个概念往前提100年。我想文物就是这样，没见过的不代表不是真的，但是觉得肯定是真的，有可能在某一点上超出了历史的框架。

古玩三

金代　花鸟纹玉带板

这块玉很有意思，刻的时代风格非常清晰。它是一个带板，是官阶的象征，有很多明确的规定，在唐、宋、元、明几朝都非常流行，到了清代被废除。带板的块数不统一，唐代的有11块的也有13块的，明代的带板最多的有20块。

我们今天看到的带板往往都是明代的，形状有长方形、正方形、桃形、半圆形的等等。这块带板大概是金元时期的，更偏向于金代，判断的依据是它的花叶和图案。这上面有一道裂，过去古董行里把这种裂说成"绺"。瓷器中有绺是它玉器的石性所致，因为玉器本身就是石头，玉石有一些绺是很正常的。这块带板的玉质很好，是新疆玉，比元代的带板要好很多。如果有金代的一套带板，那将是非常难得的，现在带板大部分都散失了，只能看到一块半块，零星的金代的带板也不是很多，所以这个还是很难得的。

张弛有度说御艺

在中国古代，马车是人们出行的主要工具，驾驶就成了一项技能，本篇就来说说六艺之“御”，说说驾驶背后的文化。

人类文明史中有一个坐标，就是行进速度。在过去很长时间里，人类的行进速度是依靠自己的，就是两条腿走路。自打豢养了动物以后开始依靠动物，只有马和牛可以用来代步。后来人们发现动物可以替我们去拉车，就发明了车，自此以后我们的行进速度开始加快。一般情况下，马车的行进速度比人的速度要提高 4 倍。有了马车以后，人就要控制马车，要驾驭它。

驾驭这项技能更深层的含义是人的控制力。今天人开汽车实际上考验的就是一个人的控制力，这不仅仅包括驾驶的技巧，还包括判断事物以及遵守规则的能力。比如说我们都知道不能饮酒驾车，但是每天都有饮酒驾车的人，这种人就属于控制力很差的人。“御”就是驾驶，实际上即便不开车，每个人也要注意在日常生活中控制自己。

下页这件瓷器是清康熙时期的花觚，黄地青花，这种颜色非常少见，底下写着“大明成化年制”款。画的图案是两个老者在下棋，旁边有一个人在观棋。驾驭是指人的控制能力，下棋也是一个人的控制能力。两个人下棋的时候内心是非常难控制的。有时候走了一步过于急的棋可能把本该赢的棋下输了，这跟我们生活中的其他道理都是一样的，就是要控制自己。

我在出版社工作时，有一个人在他那所大学时下象棋第一名，我棋下得不如他，所以我俩下棋的时候，我就成心用语言激怒他，让他非常

清康熙　黄地青花对弈图花觚
口径 11.6 厘米　观复博物馆藏

容易进入兴奋状态，结果他跟我下的第一盘棋就输了。他输了以后就非要拉我下第二盘，我知道如果下第二盘一定是我输，下第三盘也是我输，但是我赢了第一盘以后就不再下了，以后出去还跟别人说："我跟他下棋是下一盘赢一盘。"这就是人的控制能力，我棋艺不如他，但是我控制能力超过他。所以我觉得在生活中控制自己非常重要。人生要遇到很多问题，喜怒哀乐随时都可能发生，但是能不能在发生的瞬间把自己控制住，然后再去想一想，结果可能会不一样。

清道光　粉彩无双谱人物碗
口径 16.5 厘米　观复博物馆藏

这是清道光时期一个非常普通的民窑碗。这种花口碗往往在嘉庆到道光时期非常流行，它的图案是一人一画一字。这个故事出自康熙时期编纂的《无双谱》，该画册描绘了中国历史上 40 位举世无双的名人，因为他们各自身怀绝技。引申到今天，我们每个人在社会上生存一定要有自己的技艺。这个技艺不是单纯的，一个人可能拥有很多技艺，也不仅仅是为了工作。希望每一个中国人能够理解我们所处的时代。今天这个时代跟古代完全不一样了，但有一点是一样的，那就是每个人的生存质量跟自己掌握的技艺有关。

1.“驷马难追”中的“驷”是什么意思？

马未都评：在今天以及古代的社会交往中，非常重要的一点就是人与人之间的信任感，常说的一句成语叫“一言既出，驷马难追”。“驷”其实是指四匹马拉的车，并不是指四匹马。车的概念是指马车而不是指战车，“驷”一般来说就是生活中所用的车。至少两千年前古人就有明确的规定：天子驾六，诸侯驾五，卿驾四，大夫驾三，士人驾二，庶人驾一。按照人的社会等级划分，等级最高的人是驾六，这六匹马（包括名称）都有明确的规定。中国封建社会是在等级制的基础上高速发展的。

我们今天有很多时候是抹杀等级的，比如中国人民解放军在上个世纪60年代后期到70年代曾经取消过军衔，大家都戴红领章。这在和平时期问题还不大，但如果是战时，打仗过程中部队合并的时候战士互不认识，那谁来服从谁呢？在等级上看不出来就没法打仗。有的战争可能几个营的兵力最后打得只剩一两个连，这些人凑在一起互相都不认得，怎么重新组织他们进行战斗呢？那就看谁的军衔高，谁是组织者，这是等级制的好处。

古代的等级制是非常严格的，看一下车出行时马的数量就知道这个人的地位。控制驾驶方位的是中间的马，它们有名称，当“天子驾六”的时候，车辕里头的中间两匹马叫

“服”，旁边两匹马叫“骖”，最外的两匹马叫“驹騑”。四匹马拉的车叫“驷”，三匹马拉的车叫“骖”，两匹马叫“骈”。中国人是尊左的，过去驾车的人是站在中间的，坐左边的人就是地位最高的人，右边那个人是保镖，有一个专业的名字叫“车右”。今天司机在左边，过去司机那位置是最好的。但是在战时不是这样，要确保领导的安全。领导的安全为什么比别人重要呢？并不是说他的价值比别人的大，而是在战争期间一旦丧失指挥者，仗就没法打了，所以指挥者在中间，驾驭的人到左边去了，车右还是在右边，这是古代的规定。

2. 成语“驾轻就熟”中的“熟”指的是什么？

马未都评：我们在生活、工作当中都非常容易找到自己最容易做的事情，成语“驾轻就熟”全称是“驾轻车，就熟路”，不是技术，而是熟路。什么叫熟路呢？在生活中做司机的人特别有这种感受，去过的地方非常容易找到。过去有一句话叫“不懂的不做”，不管是做事情还是做生意，不懂的不要试图去做。比如我在北京长大，北京的道路情况我应该非常熟悉。有一天我去参加一个饭局，人家说了一个地方，那个地方我应该非常熟悉，但是因为主路堵车，我就灵机一动，钻了胡同。我对北京的胡同方位、宽窄等大致了解，但恰恰那天进的那胡同越走越窄，越走越死，到最后就在死胡同出不来了。欲速则不达，因为胡同太窄了，倒车也倒得非常慢，结果本来是晚个十来分钟，最后晚了半小时，这就不是“驾轻车，就熟路”。回过头来想，我宁肯多堵一会也要走那条熟路，这生路不敢走。

3.“三苏”名字当中的“轼”和“辙”是什么意思？

马未都评：宋代有三个大文豪，史称“三苏”：苏洵及二子苏轼、苏辙。车轼是指车前面的扶手。今天车上不一定是在前面了，偶尔有的车前面还有一个小扶手。因为车在行进当中，尤其古代的路非常不平，颠簸得厉害，所以一定要有手抓的地方。轼是人站着的时候前面抓手的位置。车辙是车走过去以后留下的痕迹。轼和辙都跟车相关，却都是车上最没用的东西。苏洵为什么给两个儿子起这样的名字呢？苏洵在《名二子说》一文中写道，给长子取车轼的名，认为轼用途不大，但是又不能没有，真把它摘了，车还是个车，但是用起来的时候会很不方便。车辙跟车本身一点关系都没有，如果车遇到灾祸的时候，它是最安全的。所以苏洵就按照过去中国人起名非常简单的方式，用了车身上最低等级的两件东西来取名，实际上有一层哲学的思考，往往是这种最低等级或者说最不起眼的设施可能是最有用的。

古玩门诊

古玩一

清晚期　天蓝釉趴螭虎罐

这种天蓝色瓷器在清康熙一朝创烧得非常成功，颜色非常纯净，雍正和乾隆时期也比较愿意烧。雍正和乾隆时期，趴在壁上的螭虎都非常有力度，但这个螭虎特别瘦，只有尾巴的动态还比较好。它底下写着“大清雍正年制”款，但这肯定不是雍正本年的，而是清晚期仿制的。当时能仿制这么好的东西不多见，这件从颜色到状态基本上跟清初的很接近，唯独有一点时代特征跟早期不一样，就是形态做得比较高，早期的都比较矮。这是一个总体的形态，不光指个体。

古玩二

这是一副清代铁鋄银的马镫。马镫是中国人的发明。全世界所有民族的文化进程都依赖过马，所以不管是东方还是西方，都对骑马打仗这事儿感兴趣。但骑马很重要的一点就是必须有马镫，马镫甚至比马身上的其他器具更为有用，因为马没镫非常难骑。大约是在3世纪，中国人发明了马镫，双方在马上就可以对打厮杀了，这就使马上的战争变得非常残酷。马镫形态不一，比如辽代的马镫底部都比较窄，这样踩起来反

清代　铁鋄银马镫

而更加有力。比较宽、比较圆的马镫往往不是打仗用的，而是礼仪用的。从底部看，这件东西基本上是一个椭圆形。这种大面积的能蹬踏的马镫都是和平时期用的，而不是战时用的。

马镫上面有一些鋄银，鋄银的工艺非常复杂，以前认为失传了，其实没有失传，在西藏地区还是有工匠会做。怎么做鋄银呢？银和铁之间的硬度差距很大，先在硬铁上画好线，然后用重力把纹饰锤打在铁上面。

鋄银跟错银的区别在于，“错”金银的东西是事先做好形状，然后嵌进去的，把错金银抠出来以后，会看到明显的凹槽。这件东西是没有的，银抠出来底下也是平的，银只是在撞击的高温高压下粘在上面的，但是它底下并没有槽，缺失的地方也都是平的。

古玩三

这是一个清代后期大约光绪年间精美的民窑盘子。这个盘子很有意思，画得非常满。上面画了两个人物，底下是个在敲木鱼的出家人，后面站着一个女孩，头发上别着一枝花，还摆着一尊很世俗的佛像。清末有一个非常著名的画报叫《点石斋画报》，它上面画的图大都是这种图案和布局。这个画片提供的信息非常明确，是清末的。颜色用得非常丰富，包括室外天空的部分，是做了颜色的。这种海派的风格对中国 100 多年

清末　粉彩人物纹盘

前的绘画影响至深。中国的绘画从宋元以后一直到明清都受正统院派的统治，到了清末海派之风刮进来以后，以吴昌硕、任伯年为首的绘画大家一改画风，画得非常随意。我们也能看到绘画对瓷器的影响。这上面人物的画法非常像当时的画家钱慧安和改琦的手法。这个画面应该是《西厢记》中的一个场景，它能画得这么精细让我感到非常惊奇。比如僧人衣服的花纹非常细，盆景是开着花，下部还有青草长出来。

这种粉彩在当时“珠山八友”中有大量的创新，景德镇的人都做了不同程度的尝试。我觉得画这个盘子的画家有可能不是画瓷器的，如果瓷器生产按照这个速度画，在经济上是不合算的。画瓷器的人应该非常熟练，而这个画家画得非常认真但并不熟练。从经济上说，他不熟练就得不到好处，如果他经济上不想获得好处，那显然他是在试探，是在创作。

沟通传达说书艺

古代“六艺”当中，“书”的范畴跟我们现在所指的书籍的范畴不完全一样。“书”的本意是指书法，书写的第一步就是对字的确认，要保持它的正确性；第二是沟通，写一笔正确的字在沟通中非常重要；第三就是传达，这是“书”的三个层面。

在古代，能够读书和写字的人所占的人口比例非常低，没有我们现在的文化教育这么普及。读书的人一般是对社会贡献或者管理非常有用的人，过去的社会讲究“学而优则仕”，必须通过读书这个途径成为社会、国家的栋梁之材，因此读书的重要性显得比今天更为重要。

下页是一个金代的磁州窑大罐，上面写着一首诗：“云龙山下试春衣，放鹤亭前送落晖。一色杏花三十里，新郎归去马如飞。”这里提供了很多信息，首先是文字的信息。上面落了“亭”字，就在空白处填上了一个小字。这个书法的意境跟宋代的书法非常像，有点像黄庭坚的书法。上面的字跟黄庭坚的字有异曲同工之妙，虽然不如黄庭坚，但是味道能看出来。这首诗叫《送蜀人张师厚赴殿试》，内容跟科举有关。当年苏东坡送一个朋友去京城参加殿试，诗中说了“一色杏花三十里”，杏花就是指会试发榜。中国的科举有“三试”：乡试、会试和殿试。乡试是初级考试，发榜的时候是在秋天，秋天是桂花开，所以这时候发榜也叫“桂榜”、“桂花榜”。会试发榜是在春天，春天正是杏花开的时候，所以也叫“杏榜”、“杏花榜”。“一色杏花三十里”显然是会试完了进殿试，去京城考最后一试，所以苏东坡就写了这样一首诗，希望朋友能够最终考上。这首诗与文献记载有些出入，文献中说“新郎君去马如飞”，而这个上面

金代　磁州窑诗文大罐
高 31.5 厘米　观复博物馆藏

写着“新郎归去马如飞”。按理说还是“君去”，就是往前方去而不是回来的意思。我们通过这样一个罐子能够知道，它跟科举制度、书法、诗歌、文豪都有很多关联。这样一个普通的磁州窑罐子传达到民间，它寄托了一个民族的希望。

现在大部分年轻人很少写字了，往往提笔忘字，比如“书”和“画”字的繁体字，很多人都写不对。其实，只要把字意解出来了，写起来也就不容易错了。“笔”字的繁体字是“筆”，下半部是“聿”（yù）字，写字画画都是笔在上，所以“书”和“画”的繁体字分别是“書”和“畫”。

让今天的人书写繁体字是非常困难的一件事，但现在国家在教育上要求学生能够识繁写简，就是至少应该认识繁体字。为什么要做书法的训练呢？就是要磨性子。中国人很有意思，全世界的民族里只有中国人用软笔写字。其他民族都是用硬笔，比如欧洲人早期用鹅毛笔，那也是硬的。我们古人也知道硬笔比软笔好写，用软笔写字就是自己难为自己，笔头太软不容易控制。中国人强调要用毛笔写字，就是要磨炼自己的性格，一笔一画地去写。我觉得对于年轻人、小学生来说，书法课是应该上的，至少应该练习写钢笔字，字应该写得横平竖直，知道写字的一般性规律。

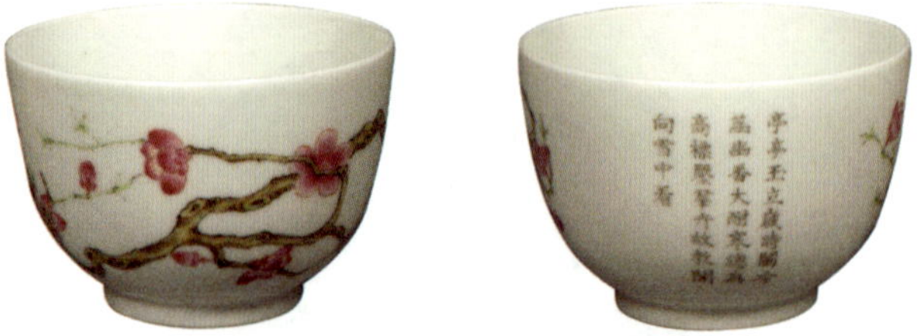

清道光　粉彩梅花诗文杯一对
口径 8.1 厘米　观复博物馆藏

这是一对清道光年间的梅花、文字小杯，小杯上面是一画一诗，底款“道光庚戌行有恒堂制”，“行有恒堂”是道光皇帝的御用堂号。作为“六艺”之一的“书”是一个技能，首先要求写字不能写错，再就是要求一定要写得好看，好看的标准很多，中国字的书法有无尽的美，不是一句两句能够说清楚的。

在中国语言当中或者说在中国文字当中，沟通和传达对于今天的社会是非常重要的。面对面的时候可以不用文字，一个眼神、一个动作就可以沟通。不能面对面沟通的时候就要通过文字，汉字给我们民族提供了最坚强的基因，我们几千年以来一直是一个大国家，尽管历史上有多次分裂但最终都会黏合在一起，这就是因为我们的基因好，我们使用自己的汉字。我老说每个汉字都独立存在并不可替换，就是因为每个字都有自己的尊严。所以今天在学习中国字的时候，从写正确开始到写得好看，每一个中国人都应该向此方向去努力，不能因为有了电脑就放弃了中国书法这门艺术。

观复学堂

1. 唐诗《春望》中有名句“烽火连三月，家书抵万金，”这首诗的作者是谁？

马未都评：过去人和人之间的沟通不像今天这么便利。今天可以拿起电话就打，网上发个邮件也很方便，还有各种方式可以聊天。古人沟通感情除了面对面的沟通外，只有书信一个方式，书信在文明史中给我们民族很多心理安慰。

这首诗的作者是杜甫。为什么说“家书抵万金”呢？它的背景是“烽火连三月”。今人不管是亲人走得多远，一个电话简简单单就可以报平安，足以使亲人释怀。过去在战争年月，儿子出去打仗，三个月连个音讯都没有。家里人由于信

春望

国破山河在，城春草木深。
感时花溅泪，恨别鸟惊心。
烽火连三月，家书抵万金。
白头搔更短，浑欲不胜簪。

息切断的这种痛苦和担忧是我们今天人所不能理解的，所以杜甫才有这种“家书抵万金”的感受。今天的人就觉得信息不值这么多钱，因为今天的信息沟通过于便捷，不知道信息沟通不便捷时人的痛苦。我们因为信息沟通的便捷丢失了很多情感，一个特别重要的情感就是牵挂和思念，所以今天我们很难再写出这样的诗，因为没有这份情感。这就是沟通的重要性，尤其历史上用文字沟通的重要性。

2. 中国古籍按照内容可分为哪几类?

马未都评：中国古代的文献浩如烟海，查找起来不是很方便，古人为了后人的方便就逐渐把它归类。中国古籍的分类比现在要简单，四库分类法将之分为四类：经、史、子、集。“经”是指古代社会中的政教、纲常伦理、道德规范的教条，主要是儒家的典籍，比如“五经”(诗、书、礼、易、春秋)都属于经部。“史”是指历史典籍、史书，《二十四史》就列入了史部。“子”是指春秋战国以来诸子之学，收录诸子百家著作和类书，文学、医学书也大部分属于子部。“集”是指古代诗文辞赋的著作，分为总集、选集、别集，诗歌在中国文化中占有非常重要的一席。

古玩门诊

古玩一

清末　彩绘博古花卉纹瓶

这件东西从风格、用彩来看，都是典型的清末海派的画法，画的是博古插花。清代后期非常愿意画博古插花，岁朝清供经常画这种图案，它后面写着“好花开上苑，古玩趣中新”，然后著有画的日期和地点——“辛亥夏月书”，“于珠山客次”，落款是戴裕成。辛亥革命是十月，这上面写着“辛亥夏月”，那时候是清朝最末一年。这就凸显出了这个东西的重要性——这是中国清朝或者是中国封建王朝最后时代的艺术品了。“于珠山客次”是什么意思呢？就是画画的这个人肯定不是景德镇人，是到那儿做客。当时有很多画家都跑到景德镇给瓷器画画然后烧造，今天景德镇也有很多在瓷器上作画的人都不是本地人。上面还写着“八大山人法”，就是按照某人的笔法去画。但这件东西跟“八大山人”没有关系，因为在清末“八大山人”非常有名，很多人就是随便一写，没有明确的模仿意图。

从文物的角度来讲，这件东西虽然有残损、有磕碰，但还是传递了很多文化信息，尤其它有确切纪年，对于文物的标型学的建立是有很大好处的。底部还有一个章，从同治、光绪开始瓷器底下经常盖一个橡皮章，这是为了提高效率。这个橡皮章盖得比较模糊，应该是盖章这个人做的造型，戴裕成画的画，这是两个人合作的作品。

古玩二

18 世纪　青花镂空花卉纹盘

这是一块盘子，盘子中间画了一个花卉，应该是月季。古代中国人很少做这种镂空的盘子。远远地看过去，第一感受是这东西跟我们无关，是外国人的东西。但是中国人很善于学习，在 18 世纪以前，整个欧洲没有一个国家、一个民族能烧造瓷器，他们只能烧造釉陶，生产了大量的这种镂空餐具。18 世纪中国的瓷器通过贸易形式外销，当时欧洲所有的强国相继成立了海外贸易公司，如东印度公司，把大量的中国瓷器运往欧洲，保守地说也运了上亿件。这时候有很多东西是来样加工的，就是外国人定样子我们来做。这件东西就是 18 世纪中国人为外国人做的盘子，在当时制作工艺中比较难。因为瓷土是比较硬的，只是拉坯的时候非常软，那种软的时候是不可以切割的，切割不成形，都要阴干，等它晾到一定程度的时候，再开始做这种镂空。它的青花颜色是清乾隆时期非常标准的青花颜色，蓝中闪一点点紫。画的花卉受西方人概念的约束，西方人很愿意把花画得很死板。虽然外国人提供了式样，提供了绘画的理念，但毕竟是中国人做的，流露了很多中国的文化信息。首先它是景德镇的瓷，听声音的话非常清脆，另外这个边饰是景德镇最常见的边饰，证明了18世纪我们国家当时经济的强大和与欧洲贸易的交往。

逻辑思辨话数艺

我们的祖先非常感性，但是“数”这门代表着理性思维的技艺却被列入了“六艺”当中。今天概念当中的“数”跟古代“六艺”中的“数”没有太大差别。生活在这个社会中不仅仅需要形象思维，还需要逻辑思维，“数”是锻炼逻辑思维最好的方式，因为逻辑思维是维系社会的标准。很多人在做事情当中沟通能力很差，就是因为存在逻辑差异。逻辑思维说起来非常抽象，但是应用起来非常具体。数学、物理、化学这三科的基础是数学，这个基础在全世界是通行的。比如中国的文字在中国是通行的，但是离开我们国家基本上就不通行了，如果去日本、韩国还能够通过简单的文字沟通，但是如果去欧美，那汉字就基本上不能沟通了。但是数学是可以沟通的，无论走到哪里，数学的标准是一样的。今天全世界数学的标准都采取十进位制，所以应用起来也非常方便。在“六艺”当中，“数”是最抽象的一种训练，这个训练对人的一生是有极大好处的。

这是一对紫檀的围棋盒，里头有围棋子。下围棋是一种进行逻辑训练的好方法，现在的标准围棋是 19 道，有 361 个交叉点，下围棋者各

明代　紫檀围棋盒一对
直径 14.2 厘米　观复博物馆藏

执 180 个子，理论上讲是可以下完的，实际上子下不完就能决出胜负了。围棋跟其他棋类的不同之处就是它本身没有等级，白子里的任何一个子都可以第一次拿出来，黑子里的任何一个子也可以最后一次拿出来。围棋是从一个空盘下起的，可以在任意一点放下第一个子。这种训练非常困难，就是你要判断把这个子放在哪儿最为合适。实际上就是在一个二维空间，在一个非黑即白的世界中搏杀。这个搏杀的训练是一种高智力的较量。所以一般人跟围棋高手下棋，刚走几个子就知道根本赢不了，就是这个原因。围棋跟象棋或其他棋不一样的地方还在于，赢棋没有运气可言，它就是靠严谨的逻辑思维。

下面是一个康熙五彩的百子图笔筒。我们说“百子”的时候不是强调上头一定有一百个小孩，只是表示非常多。中国人对数字的概念都比较模糊，所以经常说的几个数字“百、千、万”都不是确指数字，而是大概的。比如说“皇帝万岁”，“万岁”是非常长。中国汉字中“万”是表示到头了，“千”就要次一等，所以说“千秋万岁”，说到“百”就更次一等，一般说“百姓”。过去“百姓”、“老百姓”就是指有很多人集中在一起。中国人的数字表达在生活中经常可以碰到概念不清的局面，这

清康熙　五彩婴戏纹笔筒
高 11.6 厘米　观复博物馆藏

种模糊概念实际上是我们过去不大强化逻辑思维训练所造成的。

本篇是“六艺”的最后一篇，讲的是逻辑思维，希望大家借此感悟逻辑思维在生活中的重要性。我们希望社会是祥和的，大家都是欢乐的，前提是大家的起点都是一致的。古代的“六艺”跟我们今天的生活应该说离得比较远，但道理是相通的。希望大家能够知道我们古人留下的这份宝贵遗产中的道理，这个道理对人的一生非常重要。

1. 亿的量词后面是什么？

马未都评：数学中有一个很简单的概念就是量词。量词非常清晰，十位、百位、千位、万位，万以上就是十万、百万、千万，再往上是万万，也就是亿。“万”是中国人的概念中非常重要的一个级别，西方人并不是这样，他们最重要的一个级别是“千”。在会计学中，每千位要打一个逗号，这是国际通行的英制进位法，到亿的时候是打两个逗号，三位一组看得很清晰。中国人不是这概念，都是讲多少万，万万是亿，万亿是兆，万兆为京。“兆”这个字今天还在用，古汉语中有“兆民”一说，就是指万民，是指非常多的民众。中国人认为“万”是进位的标准单位，所以跟万字相关的词汇就非常严谨，比如说“万万不能”，就是说这个事绝对不成。

中国人对数字不是特别敏感，比如说“有十来个”，每个人心目中的个数是不一样的，我认为“十来个”是指多于十个，但有人认为八九个就是“十来个”。字典、辞书上也没有讲“十来个”是多少个，完全是按每个人心目中的感觉，所以这个概念是非常不清楚的。汉字很容易写，一横就是一，两横就是二，三横就是三，四横就是四，五横就是五，这么划到十的时候就麻烦了，所以划到三以后四就开始改形，用符号来替代。这些数字在国际上并不通行，而是通行最简单的阿拉伯数字，一定是十进位的。逢十进位不是绝对的，逢几都可以进位，现在生活中应用最多的还有二进制，计算机就是二进制。在二进制中，1就是1，跟现在的1没有区别，但2就有区别了，2就是10了，就开始进位了，3是11，4是100，5是101，6是110，7是111，8是1000，9是1001，10是1010。我记得6岁的时候准备上小学，那时候老师要问问看这孩子傻不傻，上来就说“从一给我数到十，从十给我数到一”。这是最简单的数字训练了，一二三四五六七八九十，十九八七六五四三二一，非常容易说，可是突然换成二进制的时候会很不适应，理论上讲二进制比十进制简单，就1和0两个数。如果一个孩子没有学过数学，他学二进制比学十进制要简单得多。可是我们被训练束缚住了，学过了复杂的这套程序后突然退到简单，一下子脑袋就不够使了。

2. 2+3+4……+99=？

马未都评：生活中有很多计算，比如我们去商场买东西脑袋里事先都有一个大致的计算。这道题很简单，小学生大概在三四年级很容易做出这道题，简单的算法就是1+100=101，2+99=101，3+98=101，加50遍等于101×50=5050，再用5050–101就得到4949。

这道题成年人往往答不过孩子。我估计在今天的中国，只要是小学三四年级，老师一问学生马上就能答出来。现在孩子上学确实很苦。我身边有孩子的人天天都念叨这些事儿，孩子的功课很多，还要有很多的特长，去学小提琴、萨克斯、画画、舞蹈、外语，要学的事儿太多。从某种角度上讲，这种早期训练尽管给社会造成了很大负担，但是确实能给中国人带来很大好处。有一年春节前我去法国，买了一些书和小纪念品，东西买得比较多，但都没有贵的，那个收款员笨得把我愁死了。在中国人看来那都不叫数，他拿着计算机累加都不成，他得先把东西分成几堆，然后一个一个连笔带计算机一起算。外国人这种训练就很差，不像我们过去很多售货员的脑子就是计算机，东西一买完马上就说出来，收你多少钱，找你多少钱。今天很少有人去算了，都是电脑算的。但是生活中我觉得每个人应该多动动脑子，防止脑子到老的时候退化。

3. 按照逻辑，1、2、3、4、5、6、7、8、9 后面的数字应该是 10 还是 0？

马未都评：逻辑是一种规律，通过归纳才能知道什么是逻辑。逻辑必须有一个前提，就是起点一致；逻辑完整地证明完了以后就叫有起点有终点。起点应该是共通的，是一个公理，才可以探讨逻辑的进程。逻辑是有一定缺陷的，有两个事就解决不了，一个是无限、没有尽头的事，二是循环的事。比如是先有鸡还是先有蛋的问题，用逻辑证明不出来，但是一般事物的规律是可以的，不过一定要有一个共通的前提。题目中共通的前提给了 1、2、3、4……每个数字之间的关系是一位数之差。9 和 10 与 9 和 0 之间是几位数之差呢？那显然 9 跟 10 是一位数之差，跟 0 是九位数之差，这就是没有逻辑。说起来逻辑是非常抽象的，但是生活中每个人都在应用，只不过大部分人应用不好的时候也不知道毛病出在哪儿，两个人不欢而散，都觉得跟对方根本没法沟通，说话跟吵架似的，说不通。

我在三四十岁的时候体力好，精力也好，脑子也清晰，跟人辩论的时候从头到尾不说错一句话，不说错一个词，那时候就是强化自己这种逻辑训练，这是一个很有意思的事，但是很艰苦。逻辑思维能力可以帮助我们在生活当中解决很多问题，保持清醒的头脑。

古玩门诊

古玩一

宋代　耀州窑刻花斗笠碗

这是一个宋代耀州窑的斗笠碗。耀州窑是宋代北方最著名的窑口，斗笠碗的造型也是宋代的经典造型，在当时非常流行。小一点的碗都是作为茶盏用的，大碗确实有一个问题，如果盛一碗汤或一碗粥非常容易倒，所以这种碗流行的时间就比较短。这个碗的粘沙现象、里头的瑕疵都比较自然，器足的处理可以看出来是耀州窑时期经典的处理方式，没有大的问题。这件东西上手的时候，感觉它的分量很轻，这都是好的指标。它有一些变形，这个变形尽管是缺点，但是耀州窑的碗大部分都有点变形。声音不脆，如果敲一敲是非常脆的声音那就要小心，但不是说声音脆的都是假的，这个碗的声音指向也比较好。这个碗的造型没有问题，它呈现的变形状态和它所有的瑕疵都非常自然，不是人为做的。

古玩二

这是一个光绪本年的民窑盘子，底款写着“大清光绪年制”。整个颜色非常丰富，有矾红釉、绿釉，还有青花，背面的花卉也画得比较漂亮。

清光绪　一路连升玲珑瓷盘

这在当时算比较名贵的商品，不是一般性的商品。它背面写着“一路连升”，其中“一”是繁体字的“弌”，字写得很有力量，也非常有特点。这几个字与画片内容是谐音的：“路”代表的就是底下画的鹭鸶，“连”就是莲花。

这个盘子是玲珑瓷，在工艺上是一个创新。这种瓷很特殊，是透光的，它是把胎打掉灌上釉，而釉的透光性比胎好，所以叫“玲珑瓷”。在清朝末年国际巴拿马会议上，玲珑瓷曾获过国际金奖，这是中国人的发明。实际上明末的时候就有这种做法，但当时不往里填釉，而是镂空的。随着制瓷工艺的提高，胎做得越来越薄，比如今天有一种薄胎瓷非常薄，拿手轻轻一掰就能掰下来。这个盘子也非常薄，手劲大了是可以掰碎的，所以一定要好好保护。

古玩三

这是一把黑釉的鸡头壶。除了这种黑釉的还有青釉的，青釉要比黑釉多很多，黑釉在历史上烧造的时间很长但是并不多，因为很难烧成很黑的釉。清朝的时候有两个时期烧造过黑釉，分别是康熙时期和晚清仿

晋代　黑釉鸡头壶

康熙时期。在明朝很少烧黑釉，在以前就更零星，比如熟知的定窑以白瓷为主，但是也烧过黑定（也叫墨定）。

两晋的时候最愿意烧兽首的壶，有鸡头壶和羊头壶等等。鸡头壶出现的时候，最初鸡头只是一个装饰，壶嘴这是不通的。中国的壶过去是哪进哪出，从西晋开始慢慢出现大口进小嘴出的雏形，这一演变过程到东晋基本完成。一般来说，嘴不通的为西晋，通的就为东晋，这是第一个判断；第二个判断方法是，矮型的为西晋，高型的为东晋，它是一个由矮及高、由不通到通的过程。这个壶已经通了，理论上讲还算矮型一类，但是比一般的矮型略高一点，所以它大概是西晋末、东晋初这个时期的黑釉。它是鸡头壶，后来又有羊头壶，羊嘴就张得大一些，到最后就变成一个圆柱状的孔，倒水就非常方便了，壶的流量慢慢变大，是一点一点改进的。这是最早大进小出的这种壶的雏形，所以一开始是有缺陷的。

美好圆满水果纹

瓷器上有各种各样的纹饰，比如植物纹、动物纹、山水纹、人物纹等等。从这一篇开始，我们将通过“瓷之纹”系列，来了解水果、蔬菜、花卉、树木等各种纹饰反映在瓷器上的那些耐人寻味的文化含义。这一篇就先从植物纹中最美好的东西——水果开始讲起。

这是一件清代漆器，上面画的是“瓜瓞绵绵”。这种金瓜我们今天一般统称为香瓜，是水果中的一种。这种瓜型的水果历史也很悠久，“瓜瓞绵绵”就是从《诗经》里来的。古代认为“瓜”是指大瓜，“瓞”是指小瓜。但是在画面中不可以把这个大小的比例关系说得很清楚，所以就用“蝴蝶”来代表“瓞”，大瓜小瓜延绵不断表示子孙长续。中国人认为子孙流传这件事儿是天下第一重要的事，所以才用这样一个图案来表明子孙延绵的美好愿望。

清代　黑漆描金瓜瓞连绵圆捧盒
直径 38.5 厘米　观复博物馆藏

金代　磁州窑剔花双桃纹腰圆形瓷枕
长 25 厘米　观复博物馆藏

这是金代的一个瓷枕，上面画着桃子，在这之前还没有用这样的水果来入画。把桃子画到瓷枕上代表什么含义呢？桃子在中国的文化中代表长寿，表明这个人期望自己能够长寿。

这件粉彩瓜瓞连绵纹小罐是清嘉庆时期烧造的，它还保留了乾隆时期的某些特点。乾隆到嘉庆时期正好是中国封建王朝由盛转衰的一个转折点。这个瓷器上也能看到这时候的瓜已经没有那么饱满，蝴蝶也没有那么生动，已经变成了很图案化的蝴蝶，这些特征都反映了一个国家的态势。以小看大，今天讲的纹饰是非常广泛的，什么都可以作为一种纹饰来表达，但是植物作为纹饰来表达的时候实际上是在传递我们国家、我们民族的生活信心。生活中我们跟植物打交道是最多的，尽管过去的生活很苦，但是每个人还是能吃到水果。我们以水果开篇是希望用一个很甜美的印象，让今天的人能够理解生活中是有很多甜的，生活中也是有很多苦的，但是因为有了那个苦才会有这个甜。

清嘉庆　粉彩瓜瓞连绵纹小罐
高 18.6 厘米　观复博物馆藏

1.“一骑红尘妃子笑，无人知是荔枝来”这句诗讲的是谁的故事？

马未都评：今天的人很幸福，吃水果南北方的都有，但在古代不是这样，连我小时候吃点南方的水果都非常不容易。荔枝是很好吃的水果，只要不是患糖尿病的人都很愿意吃。我小时候偶然吃过荔枝，觉得实在太好吃了，当时就想这东西什么时候才能吃够。但小时候吃荔枝的时候还不知道这首诗。后来我二十几岁有机会去福建漳州吃了荔枝。我记得很清楚，荔枝是大筐端上来的，吃的时候旁边还有人来跟我说话，我根本没空理他，就在那低着头不停地吃。

这句唐诗提到的荔枝这个故事应该说还是挺普及的。当时唐代定都在长安，就是今天的西安，西安是不产荔枝的，所以吃荔枝就非常麻烦。唐玄宗为了杨贵妃，让手下的人把荔枝从一个很远的地方运到了西安。荔枝如果在马上运的话，来回颠簸就烂了，所以荔枝是一直背在人身上的。这不仅仅是记载当时北方对于水果的渴望和水果到了北方的重要性，更重要的是记录了当时玄宗跟杨贵妃的爱情，我们今天很少能见到这种爱情了。当时荔枝是从哪儿运到长安的呢？说法很多，凡是产荔枝的地方都说是他们那儿运送的，现在学者普遍倾向于一种说法，就是说当时的荔枝是从四川运过去的，因为只有四川离长安的距离最近。我们知道它除了道路难还有一个很重要的因素就是不能太远，如果从广西、广东、福建这样的地方运到长安去，即便快马加鞭，以最快的速度运，荔枝可能也抗不住就腐烂了。所以有人认为这部分荔枝应该是四川的，翻过秦岭就到达陕西了。

在古代荔枝有双重含义。一层意思是，过去认为“荔”谐音“利”，“吉利”、“利益”，所以说“大吉大利”，这指荔枝单独图案出现的时候的意思；第二层意思是，过去我们国家实行科举制，科举制中最优秀的人叫“连中三元”，即解元、会元和状元，就是乡试、会试、殿试全取得第一名。所以在清代当荔枝、桂圆和核桃这三种圆形的图案一起出现的时候，就表示“连中三元”。

2.“葡萄美酒夜光杯，欲饮琵琶马上催。醉卧沙场君莫笑，古来征战几人回。”这首诗的作者是谁?

马未都评：这首《凉州词》的作者以这首诗闻名，他就是王翰。这首诗非常有名，它不仅涉及很多唐代的物品，比如说葡萄酒、夜光杯、琵琶，关键是他只用了28个字就表达了一个即将征战的将士的心境，而这个心境又写得非常壮美。这里涉及葡萄酒。葡萄这种水果中国的南北方都有栽种。我们不敢说葡萄酒究竟从什么时候开始酿造，它的历史应该很长了，水果自然发酵就会产生酒精，这样看来，中国3 000年前大概就有葡萄酒出现了，非常普及是在唐代，唐代的李白、杜甫等大量的诗人都写过葡萄酒和葡萄。葡萄不是我们国家自产的水果，而是从西域传进来的，至少有7 000年的历史。唐代的文献中有时候“葡萄”写成“蒲桃”。通过这样一种水果，我们其实不仅仅可以了解一种水果的发展史，更重要的是了解水果在文化中的一些含义。唐代葡萄酒的酿造技术可以说达到了很高的水平，不像现在世界顶级的葡萄酒都是西方传过来的，其实我们的古人也可以做得很好。至于“夜光杯”，甘肃现在有一种玉，这种玉做出来的杯子在微弱的光线下显得很亮，“夜光杯”指的就是这种杯子，正好也在西域地区。

3. 西瓜原产地在哪里？

马未都评：东西南北都有瓜，这个“西瓜”顾名思义就是西域来的瓜。我们很多物品都是从西域过来的。中国古代有一条非常重要的贸易之路叫“丝绸之路”，从西域最终到达今天的西安。有很多文化交流就是通过这条路走进来的。西瓜的原产地现在说法有多种，埃及算是一种，还有一种说的是北非。西瓜实际上既不是西域的也不是我们产的，而是产自亚非欧交界之处，历史非常悠久，但传入中国非常晚。查遍五万首唐诗，里头没有一个诗人写过西瓜，这就是证据。

西瓜大概是什么时候进入的中国呢？大约在五代到北宋初的时候，所以我们再去看宋代的词、金代的曲中就有大量的西瓜的记载，有人专门写过《西瓜赋》。南宋的诗人范成大就写过这样的诗：“碧蔓凌霜卧软沙，年来处处食西瓜。形模濩落淡如水，未可蒲萄苜蓿夸。”历史上记载，苏东坡也写过一个很有意思的对联，上联是“坐北朝南吃西瓜皮往东甩”，下联是“自上而下读左传书往右翻”。过去我们的书是竖读的，右起一行一行，读到左边以后翻书，现在的书跟古代的书是反向的，我们恰恰有一部史书叫《左传》，苏东坡的这副对联很精彩。我们中国人做事讲究要圆满，西瓜就代表这种圆满。在瓷器纹饰中出现西瓜非常少，圆圆的一大块不善表达。中国的瓷器在永宣时期青花瓷器上就出现过西瓜，这个图案很少，但是确实出现过。

古玩门诊

古玩一

明末清初　五彩人物花卉纹捧盒

这是一个五彩的瓷器捧盒，东西画得这么漂亮，可见当时人的重视程度。猛一看上面只有红、绿两种颜色，实际上还有黄色和紫色，使用得不多，所以整个画面显得非常热烈。从胎上看很粗糙，上面有很多缩釉点，这些恰恰是在瓷器的早期制作中不太留意的一个证据，后来瓷土淘得越来越干净，这种现象就越来越少。它分两个部分，一个是盖，一个是底。盖上画的是一个人物纹，下面是植物纹。从颜色上讲，它跟晚明清初的五彩非常接近，只不过跟常见的东西有一点不同，就是它极为热烈，会导致我们判断混乱。如果判定它是康熙时期的风格，除了康熙本朝的就是晚清的，清中晚期的时候是不仿的，这是一个规律。为什么不仿呢？雍正、乾隆、嘉庆、道光这个时期中国的制瓷业没有意识去仿康熙。什么时候出现仿康熙呢？是光绪的时候。光绪时期，由于西方列强进入中国以后很多人在找康熙瓷器，所以就仿了很多卖给外国人，就是当时造点假卖给他们，省得把真的都卖出去。这件东西从人物的布局、云纹的画法上能看出来，这个人物抱着的小孩和成年人的比例关系非常差，人特别小。这是康熙时期的典型特征，比例关系并不好。这件东西其实在康熙早期的时候还不多见，是康熙早期带有一点顺治特征的盒子。从底部看还保留了晚明的一些特征，所以它非常有可能更早一点。胎可以看到里头的缩釉点，因为过去画彩瓷的时候素胎烧完了以后要搁在那儿，随时拿出来再画彩再烧，有时候一搁能搁几十年。比如说有康熙时期的胎到了乾隆时期才画，有晚明的胎到了康熙时期才画，这都非常正常。这件东西从画风上讲应该是明末到清初、最晚不晚过康熙早期的一个捧盒。

古玩二

明晚期　黄花梨镶铜活官皮箱

这是明代晚期的一个官皮箱。从这么漂亮的做工，我们可以看到古人认真的做事态度。两个门板是一块木一破为二，这两个边也是一个木头。对称是中国古典美学的第一原则，中国人非常讲究对称和平衡，在设计、使用木材的过程中尽可能地对称。木材怎么对称呢？它本身长得就不对称，只好把一块木头一破为二，翻过来就对称了。这件官皮箱材料是黄花梨的，黄花梨的分量普遍要比紫檀和红木轻。这上面的铜活（南方人叫铜件，北方人叫铜活）做得非常讲究，这个铜活就是当时的。它是透雕的，里头有个标准的星状图案。整个如意云头做得非常漂亮，所有地方都做出了曲线或菱形，包括面上的铜活都是原装的不是后配的，只是个别地方有些年久，铜钉有点往外冒。整体状态非常好，两侧的提手还是非常有力量的，能看出来是北方做的，不是南方做的。北方做的东西的铜活经常是突起的，而南方的容易卧平，但这些特征都不是绝对的。这个尺度非常好，比一般的尺度要小一点，因为有点高，显得非常精神。

古玩三

明正德　青花八卦纹香炉

这是一个明代正德晚期的八卦香炉，不幸的是三足磕掉了，一个彻底掉了，另外两个各剩半个。这三个兽足在烧造的时候里头是空心的，空心的很容易磕碰，一磕碰就坏了。为什么不烧成实心的呢？因为如果在这个地方烧一个实心的，就烧不熟，但空心的问题就是在使用当中容易破碎。这三个足做成的狮形动物叫“狻猊”，是龙的一子。我们老说“龙生九子”，比如老百姓常见的就是大石碑底下王八驮石碑，那底下的东西叫赑屃，是九子之一，它喜负重，所以驮个石碑。狻猊喜烟善坐，所以香炉上的兽一般做的都是它。正德时期这种八卦炉开始出现，为什么说是正德晚期呢？因为它有嘉靖的特征。嘉靖民窑的缠枝莲往往都是这么画的，所以这件东西大约是在正德晚期嘉靖早期的，有四五百年的历史。制作这件东西需要多种工艺，它首先要拉坯，先拉成一个筒状的，然后用模子做三个足贴上去粘好。在修胎的时候在炉身中部做出多道旋纹，后再把旋纹断开，用刀把这些地方剔去就变成八卦了。

民生关怀蔬菜纹

蔬菜是人们日常餐桌上必不可少的食物，古时候的蔬菜跟现在差别很大，时间相隔越早差别越大。今天的蔬菜品种非常多，很多新的蔬菜我小时候都没吃过。严格说起来，中国人的蔬菜口味是世界性的，越来越丰富，而且有相当一部分蔬菜可能都叫不出名字。古时候人们为什么会把蔬菜放在器物之上，是因为它跟我们的生活有关。人对粮食和蔬菜都是有情感的，我们维持生命主要靠粮食。为什么过去的人吃蔬菜少于吃粮食呢？从某种意义上讲它的生产、运输和储藏的成本很高，这就导致人吃蔬菜的成本很高，所以贫穷的时候吃菜量一般都比较小。

下页是两个清代的官窑盘子，一个是雍正官窑，另一个是乾隆官窑，上面画的纹饰都是生活中常见的蔬菜。把蔬菜画到瓷器上，尤其在官窑上，实际上是一种皇家提倡的做法，它从某种角度上讲是皇家关心民生的一个证据。一般像蔬菜很难入纹饰，首先解释起来比较麻烦，其次，它跟我们生活太近，距离产生美，蔬菜跟我们的生活没有距离，所以从某种意义上讲就不美。但是在康乾盛世的时候，在雍正、乾隆最富足的时期都能看到蔬菜画入官窑，在这一点上讲是对瓷器史的一个贡献。正因为古代有这样的时期，有心计的统治者和能工巧匠把它画到瓷器上，我们今天才能看到这样一个面貌。

上面是雍正时期的胭脂紫釉粉彩莱菔纹小盘，它的背面是胭脂紫色，非常漂亮，署“大清雍正年制”款。正面画得非常淡雅，画了一个萝卜、一个小辣椒。下面一件是乾隆粉彩瓜果纹小碟，上面的东西大家都很熟悉，有紫色的茄子，还有西红柿、黄瓜。背面是珊瑚红色，还带有一点

清雍正　胭脂紫釉粉彩莱菔纹小盘
口径 14 厘米　观复博物馆藏

清乾隆　粉彩瓜果纹小碟
口径 14.4 厘米　观复博物馆藏

描金，署“大清乾隆年制”。当时皇家出于什么考虑做这样的瓷器呢？是出于关心民生。中国历史上凡是老百姓生活很好的时候，皇家都是提倡关注民生的。而社会发生动荡的时候就没有精力再去关心民生的事情了。今天也是这样，就像“菜篮子工程”，过去没有提过，那今天为什么有菜篮子工程呢？是因为人口急剧地向城市聚集，城市对蔬菜的需求量急剧增加，蔬菜就变成了一件大事。

北宋　登封窑划花莲花慈姑纹腰圆形瓷枕
长 27 厘米　观复博物馆藏

这是一个北宋的瓷枕。一侧画的是一个卷起来的荷叶，还有荷花和慈姑。我们今天讲蔬菜，因为蔬菜跟我们百姓贴得最近，每个人几乎每天都要跟蔬菜打交道。中国自古以来就是世界上人口最多的国家，第一大国首先要解决吃的问题，除了粮食其次就要解决蔬菜的问题。在我们几千年的文明进程当中，蔬菜好像在我们生活中占的地位不那么重要，但实际上它很重要，只是我们过去没有深入关心过它，也没有探讨过这些问题，除了专业的学者对中国蔬菜的发展史有过研究，一般人很难知道什么蔬菜是在什么时候进入中国的。我们从蔬菜文化中依然可以提炼出传统文化中的精华部分。

1. 茄子有几种颜色？

马未都评：茄子是我们常吃的一种蔬菜，大江南北都有。茄子在生活中也有应用，比如照相的时候摄影师就会让大家喊“茄子”。茄子大家基本都见过，那么究竟有几种颜色呢？紫茄子是我们常吃的品种，还有绿色、白色的茄子。紫茄子的花是紫的，茎是紫的，果实是紫的，这是最普通的茄子，难得在一个植物上看到这个颜色。白茄子见得最少。我年轻的时候在农村插队，曾经生吃过茄子，我一开始不知道茄子能生吃，农民告诉我说生茄子是可以吃的。在那之前从城市走出去的我一直认为茄子必须做熟了，生的多难吃。他说挑嫩的吃是很甜的，然后我们就到菜地里偷偷摘了一个嫩茄子，我坐在那儿一会儿就吃完了。我头一次生吃茄子觉得很好吃，说很好吃是相比较而言，如果跟苹果相比那肯定是苹果好吃。特别嫩的茄子的涩劲没那么大，多少有一点点甜；茄子长得比较成熟的时候嚼着口感很不好，有点弹性，跟棉花套似的，嚼不动，但特别嫩的茄子吃着口感还算可以。我们常说“紫气东来”，紫色在中国文化中代表一种很高贵的吉祥色，西方人也是这么认为的，所以我们说皇帝待的地方叫紫禁城。

2. 古代称萝卜为什么？

马未都评：萝卜在古代有一个非常吉祥的名字叫“莱菔”，谐音“来福”。莱菔尊就是福气来，如果叫“萝卜尊”就很难听。典型的莱菔尊底下这一部分像萝卜。萝卜还有别的名字，可以叫雹突、温菘、紫云菘，还叫土酥。对于我们古代文化来说，萝卜这样一个最大众的蔬菜有五六个比较通行的名字。有的萝卜既可以生吃也可以熟吃，有的萝卜只能熟吃，生吃特别不好吃。比如北方有一种红色的萝卜叫卞萝卜，以我个人的经历来说这种萝卜只能熟吃，生吃特别不好吃，又艮又辣，但熟吃就非常好吃，辣炒萝卜丝是一道非常好的菜。萝卜还有药用功能，是一味很好的中药，可以通气。冬天有时候身体不适，熬点儿萝卜汤喝下去会非常舒服。在中国漫长的封建社会中，由于萝卜高产，对土地的要求又不高，它在中国古代是非常重要的蔬菜，可以说是家庭餐桌上经常会出现的一种大众菜。萝卜还有一个好处是我们容易忽略的，就是它便于储藏。过去北方冬天的时候，白菜和萝卜是两种主打的蔬菜。挖一个地窖把萝卜搁在里头，一冬天甚至一年都没有问题。其他的蔬菜在储存方面远不如萝卜，所以萝卜的好处实在太多了。

3. 藕通常有几个孔？

马未都评：蔬菜中除了陆生的还有水生的，水生的蔬菜中南北方最多的往往就是长在水下泥里的藕。藕可以熟吃也可以生吃。有人吃一辈子的藕，切藕的时候从来没拿起来数过藕有几个孔。中国人认为藕是贯通的，藕节代表聪明。过去明清两代经常做成玉片，这个玉片就代表藕，做成藕的断面表示人是聪明的，是通气的。藕究竟有几个孔呢？一般情况下有 7 个或者 9 个孔。传说乾隆有一次吃饭时，上菜的时候有人给他一个藕节，乾隆就写了一句诗叫“一弯西施臂，七窍比干心”，“弯”是胳膊，“西施”是美女，“一弯西施臂”就是指这一个藕节，“七窍比干心”说得很清楚，就是藕有 7 个孔，说明乾隆的观察入微。藕有两种，一种叫田藕，一种叫塘藕。田藕是专门在田地里种的藕，水很浅，塘藕是指深水塘里种的藕。一般的说法是“田九塘七”，就是田地里种的藕是 9 个孔，而池塘里的藕是 7 个孔。

古玩门诊

古玩一

清乾隆　哥釉铁锈花瓶

这个瓶子很有意思，它比较粗壮，像罐状瓶，造型可以说是观音尊。上面花的枝和叶做得很漂亮，主题非常突出，就是一个折枝花。背面什么都没有，底下有一个逗号标志。这个品种比较少，我们很少碰到，可以说它是“哥窑开片、铁花装饰”。铁花装饰在清代最为流行的时期是道光年间，在此之前这种审美不大众、很尖端，只有少数文人喜欢，所以就没有巨大的市场。当时不能普及的话，现在的人对它的认知就少。铁花装饰是突起的，它用了堆塑的工艺。这个工艺相对来说比较麻烦，从哥窑开片的角度上讲，过去最讲究的就是小器开大片，大器开小片。这是我看到的哥窑里开片最为细腻的，片特别小。如果这件东西没有纹饰，我们会判断它是乾隆时期的东西，这种黄地的哥窑是乾隆某一段时间非常流行的。

这件东西最特别之处其实不是它身上的纹饰，而是底下的这个符号，像一个逗号。我也不清楚为什么这么写，可能这是它的一个标志，比如是某人的商业标志，可能工匠或者文人专门设计这一类东西送人，留了一个标志。这件东西从文物的角度来讲非常难得，这种品种不是很多，我这么多年陆陆续续看过的也不会超过10个。

古玩二

清乾隆　珊瑚红地开光粉彩山水纹碗

这只碗非常漂亮，我们在生活中很难碰到，碗底很特别，它在足的当中突起一块来，由这个特征判断它是鸡心碗。鸡心碗明代永乐时期就有了，永乐做完以后明朝就不再做，后来清初康熙时期重新开始流行做鸡心碗，一直流行到雍正时期，到乾隆反而非常少。这是乾隆时期的，上面写着“大清乾隆年制”。鸡心碗的态势都是这样的，器足小，一个手就可以端着了。如果器足大的话，一般拿碗都得抠着一边拿。珊瑚红地也是乾隆时期非常流行的一种釉色。低温红然后描金，开光画粉彩山水。这是乾隆盛世时候的一只民窑碗，应该是大户人家使用的。把一个吃饭的碗做得这么漂亮，从某种角度上就折射出那个时代的富裕。这碗有200多年历史了，而且一点没伤没残。当餐具、茶具等生活用器上面包含了很多文化内容的时候，一般来说都是富裕的时期。

古玩三

清晚期　青花斗彩渔樵耕读观音瓶

这是一个晚清时期的观音瓶。东西很有意思，即使对瓷器了解比较多的人，也很难一下子看明白这种有些混乱的彩。这件东西一开始是一件青花作品，然后有人觉得它不够热闹，就添了一点彩，形成了斗彩，但是它又跟正宗的斗彩有点不同。正宗的斗彩一般都是勾线填进去的彩，这一件可以说上一种青花斗彩，跟斗彩更为接近而已。上面画片的内容是“渔樵耕读”，信息量非常大。从画片上看，它很像清代初年康熙雍正时期的，画风是照着那个画风画的，但仔细看画得不好——尽可能地把那个时代的特点都描述一遍，但是把戏演得过了，底部的釉并不好，圈足处理得也比较草率。它的年份是晚清的，当时市场有需求，但由于信息技术不发达，这么大的信息量可能会出现各种小的误差，这些误差反映到这件文物上来说就是有些细节画得过多了，但它确实是一个非常好的文物。

芬芳艳丽花卉纹

我们国家地域广阔，南北方花卉有很大不同，很多花我们是知道名字的，但也有很多不知道名字，所以我们在对花的认知当中逐渐就产生了好奇，比如很多花是结果的，连很小的枣花都能结实，还有一些花只开花不结实，纯粹是为了观赏。古人在欣赏花卉的过程当中主动地把一些野花变成了家养的花，用于观赏，提高生活的品位和质量。自宋代植物纹入瓷器以后，花卉便成了一个主要的描述对象。描绘最多的都是大家熟知的花，比如牡丹、荷花、梅花等等。

这里有两件藏品，一件是宋代的银质灯盏，我们从正面可以清楚地看到，描绘的是秋葵。秋葵是一种草本植物，花开得非常漂亮，把它做成这样雅致的器皿，可见宋代人非常注重生活的品质，注意细节。花盏的每个花瓣上都有小的纹饰，而且各种花卉的样子还都不一样。这件东西因为年代久了，有将近一千年的历史，银都氧化变黑了。在古代的时

北宋　银錾花花卉纹葵形盏
口径 11.1 厘米　观复博物馆藏

候，它实际上是银亮银亮的，非常漂亮，绚烂夺目。

另一件是清代雍正年间的一个仿古作品，是一个折沿洗，上面画着缠枝莲。雍正年间有很多器皿是仿明代永乐、宣德时期的，实际上这种折沿洗在永宣时期就非常流行了。花卉的画法有很多，缠枝与折枝是其中的两种手段。缠枝是用一枝藤蔓把各种花卉缠起来，表明它延绵不断，中国人很希望所有的事能延绵不断。缠枝并不仅限于一种花卉，比如缠枝莲画的全是莲花，缠枝菊画的都是菊花，还有缠枝花卉在一枝枝蔓上有不同的花卉，这就是主观的一种创造，实际上是在传达生活中一种美好的情感。缠枝比折枝更受民间的欢迎，也受宫廷的欢迎，所以我们在瓷器中看到的缠枝花卉远比折枝花卉要多得多。

下页是清乾隆时期的一个胭脂地的花卉碗，这种碗在雍正乾隆时期已经变成了定式，非常盛行，它对后来中国瓷器的影响巨大。我们可以看到花卉在这上面的表现，它用胭脂红作为地，来衬托这一朵黄花。这种花卉是一种主观的表达，不是客观的描述，换句话说，我们生活中看不到这样的花。花卉在中国的文化当中代表了多层含义，它在瓷器当中展现的只是一个层面，还体现在其他的文物当中，比如家具、漆器、玉器、铜器等各个层面。瓷器上的展示更为丰富、更为灵活，不仅有单色

清雍正　青花轮花缠枝海浪纹折沿洗
口径 25.4 厘米　观复博物馆藏

清乾隆　胭脂紫地粉彩缠枝花卉纹碗
口径 17.5 厘米　观复博物馆藏

的青花、墨彩，还有珐琅彩、粉彩、五彩，这说明自然界和我们人类的内心一样是丰富多彩的。花卉中有开花为了结果的，有开花是为了闻味的，有开花是为了欣赏的，古人将种种含义接纳理解并发扬光大，形成了我们灿烂的文化，并传达到今天我们每个人身上，让我们感受到一个小小的花卉带给我们的无尽幸福。

1.“国色天香”最早是形容花，还是人？

马未都评：这道题跟牡丹有点关系，“国色天香”既可以形容牡丹这种花，也用来形容人，比如说杨贵妃“长得国色天香”。“国色”就是一个民族、一个国家最为喜庆的颜色，“天香”是指上天赐予的，“国色天香”最早显然是用来形容牡丹花的。在唐诗中就有“国色天香”的描写，后用来形容杨贵妃。牡丹的典型特征是花朵硕大，品种繁多，最著名的当属“魏紫姚黄”，就是一个姓魏的人培养出来紫色的牡丹，一个姓姚的人培养出来黄色的牡丹。

关于牡丹有很多很多故事，不管是游牧民族还是农耕民族都对牡丹花感兴趣，因为牡丹花确实太美了。我们可以看到唐朝人春天出游的时候头上就顶一个大牡丹花，非常艳丽，所以“国色天香”就是能代表一个国家的颜色。

2.“折桂”、“杏花郎”的称谓，哪个在前，哪个在后？

马未都评：桂花和杏花都和科举制度有关，我们的科举考试是“三试”，分为乡试、会试和殿试三级，乡试第一次考试是在秋天，如果考中了就在第二年的春天去参加会试。所以秋天的科举一定是桂花，春天的科举一定是杏花。从表面上看，是杏花在前桂花在后，但这两个称谓的顺序恰恰相反。

现在我们不管参加什么类型的考试都是一个很难的事，从小学到中学到大学，甚至到参加工作以后还要考各种证件。每个中国人走向社会都要面对各种各样的考试，但是跟古代比起来都算容易多了。首先是要不停地考，不停地锻炼，从小学开始，每个学期、每个年级都要考。但古代的时候不是，那时候没有人去考你，得自己去准备，然后就要看乡试第一次考试的时候能不能敲开这个门。这是第一次考试，非常重要，所以叫“折桂”。

中国文化中的所有纹饰都一定有一个基本含义，而且这个含义都趋向于美好。中国人赋予了花卉不同的含义，使其文化含义尽可能跟社会含义吻合，这是古人创造的一种能为大众接受的文化。我们现在去讲这种文化似乎很久远，其实今天生活中使用的大量的词就是来源于当年的科举考试，比如题中提到的“折桂”。

3. 一般情况下，梅花有几片花瓣？

马未都评：这道题讲冬季开的花，就是梅花。梅花有几片花瓣呢？这就考验我们的观察能力了。实际上植物跟动物、跟人都有很多共通的地方，有很多特性是遗传的，只是偶尔有变异。在一般情况下，梅花有五片花瓣。

古代文人墨客有很多钟情于梅花，宋初有位文士叫林逋，后人称他为和靖先生，他“梅妻鹤子”，一生不娶妻、不生子，以梅树作为妻子，养一个仙鹤作为儿子，过着非常清雅的日子，我们今天的人再雅也达不到他那样。林逋最著名的诗句是“疏影横斜水清浅，暗香浮动月黄昏”，其中的“疏影”指的就是梅花，“暗香浮动”指的就是梅花似有似无的暗香，这种感觉是非常微妙的。

梅花这种纹饰在瓷器上的呈现，早期的梅花通常是带枝干的，就是画一枝梅。比如永宣时期画松、竹、梅，松树、竹子、梅花都是交替进

明宣德　青花岁寒三友纹盘
口径 31.6 厘米　故宫博物院藏

清雍正　青花花鸟纹双耳扁瓶
高 36.5 厘米　故宫博物院藏

行的，上面的一枝梅画得很清楚。清代初期的比如“喜上眉梢”，就是梅花上面画一只喜鹊。只画梅花的晚明有，当时喜欢画“落花流水”，就是水中漂着梅花，那也是雅中大雅。另外就是清康熙时期愿意画冰梅，冰裂纹上面有梅花，表示梅花在冬季的那种不畏严寒的感觉。中国人赋予了梅花人性的品格。

古玩门诊

古玩一

明晚期　青花缠枝花卉纹执壶

这是一把执壶，是酒壶而不是茶壶，因为放了茶叶就要倒出来，如果太小的话不好清洗，就把嘴堵住了。这件东西历史上是有盖儿的，现在还有一个地方是拴绳的，防止把盖儿碎了。从造型上讲，这把执壶年代比较早，清代以后很少做这种样子的壶了，这个在当时不是艺术品，而是实用器。明代有很多这种长的瘦高形的壶，不仅有瓷的还有金属的。这件东西不是元朝的，而是明朝偏晚时期的，大约是在正德到嘉靖年间，上面的纹样很能说明问题，底部很浅的圈足也是明代后期的特征。要知道这种壶非常容易受伤，稍微一碰就碰坏了，我们能看到完整的明代瓷壶这本身就是很难得的。

古玩二

这是一件观音瓶，近看非常漂亮，底下写着“大清乾隆年制”。观音瓶一般是圆形的，这件造型比较奇特，是方形的，非常少见，做得非

清乾隆　矾红描金花鸟诗文观音瓶

常规矩。它只用一个矾红彩做纹饰，两面纹饰、两面文字，然后局部地区点金。上面的图案有松枝、梅花、仙鹤、蝙蝠，后面有乾隆皇帝的御制诗。这件东西十分精致，在口部和底部都有描金，可见当时有多么重视这件东西。这首御制诗写于什么时候呢？上写着“丙寅小春月”，就是1746年，乾隆皇帝1736年登基，丙寅年是乾隆早期，所以这件东西带有雍正的味道。雍正年间的东西特别雅，所以这件东西完全符合当时的特点。这件东西应该是乾隆初期非常好的官窑矾红描金彩，从某种意义上讲受到日本装饰风格的影响。日本人很喜欢在红颜色上描金，所以这件东西跟我们常见的彩瓷、青花都有点不同，有一点东洋之风。

古玩三

这是一个黄地的青花碗，因为有黄地做衬，碗显得非常嫩。它画了三层图案，第一层是“佛家八宝”，包括轮、螺、伞、盖、花、罐、鱼、长，中间一层是莲花，八朵莲花托着佛家八宝，所以这可以叫佛八宝莲

清光绪　黄地青花佛八宝纹碗

花碗。莲花画得很规矩，这种图案经过多次提炼变得非常成熟，却也越来越没有生命力了。拿它跟清雍正、乾隆时期的佛八宝和莲花的生动画片对照，就会发现它过于拘谨。这上面写着“大清光绪年制”，历史到了中国封建王朝的最后阶段，它画的这种佛八宝的图案跟莲花是统一的，就是非常规矩细弱，包括上面的绸带都显得很拘谨、对称，它不强调生命力。政治上的态势会在瓷器上有所反映，从这个碗上基本能领略到光绪一朝政治的态势。这件东西是清光绪本年的官窑器，跟雍正、乾隆时期的黄釉相比显得比较稀薄，这也是时代的特征。

万木争荣说树纹

人类和树木的关系非常密切。过去老说“十年树木，百年树人”，种树很耗时也很辛苦，今天我们仍然提倡植树造林，搞好绿化。树木在传统文化中有其明确的含义，尤其是画到瓷器上，每种树木代表一种具体的文化内涵和情感。首先是松树，中国人认为松树品格高洁，所以松树出现在瓷器上的频率是最高的。其次是柳树、桐树，比如这件清乾隆时期的青花柳下五骏图观音瓶。以前我们提到它的时候主要是看马，这一次看的则是柳树。

柳树的品种非常多，生活中最常见到的是垂柳，因为其他的树都是向上的，只有垂柳的态势是向下的，而且婀娜多姿。初春的时候，一刮风，

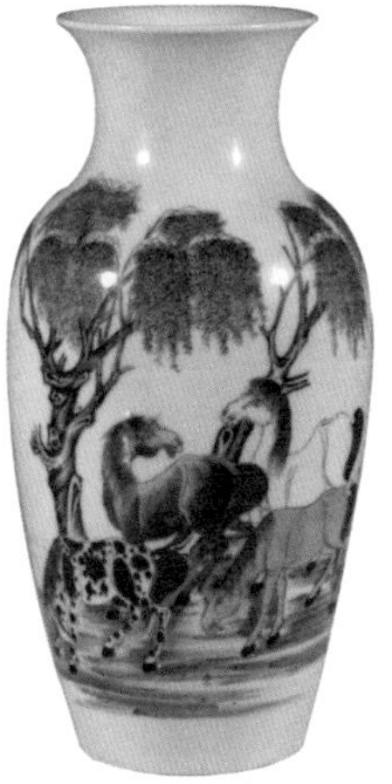

清乾隆　青花柳下五骏图观音瓶
高 38.7 厘米　观复博物馆藏

清早期　根雕花觚
高 48.3 厘米　观复博物馆藏

垂柳就千姿百媚。此外还有旱柳、馒头柳和龙爪柳等，旱柳长得直直的，馒头柳上面长得很圆，修剪好的龙爪柳在公园里比较常见。柳树的生命力非常顽强，在异常艰苦的条件下都能够成活。

上面是一个花觚。瓷质的花觚较为常见，这是一个木质的，用一截树干做成，当时这个树干的长相就非常接近于花觚的造型，上面长了很多瘤子。古人认为这种畸形、病态的美属于一种很高的审美层次，所以树瘤为“瘿”，把这种病态发扬光大是取它这种高古的文化品位。这件东西大约是清初的，跟当时康熙时期的花觚的尺寸和大小非常接近。这样一截没有生命的树干由于被我们赋予了文化内容，就变得非常有生命力。如果我们的文人没有赋予它文化内容，那这截树干即便没有烧火也早就腐烂了。这件东西，实际上表明古人对文化的一种尊重，以及对植物赋予了文化内容，寄托了内心的一份情感。我们生活中不仅仅是吃穿这样简单的事，更多的是一种文化的追求和享受。

1.《增广贤文》里有一句话叫“有心栽花花不放，无意插柳柳成荫”，为什么能“无意插柳柳成荫”呢？

马未都评：“无意插柳”源于古人的送别行为。古人认为“柳”、“留”二字通假，所以两个人分别的时候，送行的人就折一枝柳给对方，意思是我愿意留着你，不希望就这样分别。远行的人手中拿着这枝柳，到了一定的位置时随手一插就上路了。柳树的生物特性是很容易扦插成活，所以是“无意插柳柳成荫”。

过去我在农村生活过，农村有一种大筐叫柳条筐，因为柳条的柔韧度很好，可以编成筐。这种柳条筐逐渐用坏了，人们就随手扔在路边的水沟里头，柳条就会很神奇地滋出芽来，可见它的生命力多么顽强。这种生命力被古人捕捉到了，古人经常把柳树入诗。比如初唐诗人贺知章的《咏柳》：“碧玉妆成一树高，万条垂下绿丝绦。不知细叶谁裁出，二月春风似剪刀。”诗人的观察细致入微，柳树最开始长的不是柳叶，而是先长穗状的柳絮，等柳絮散发完了，就开始长出绿叶，所以是“二月春风似剪刀”。

2. 香蕉和芭蕉最大的区别在哪里？

马未都评：有的大型植物并不是树，像比较高古的竹子，还有一种植物，中国人非常愿意把它变成纹饰画在瓷器上，这就是芭蕉。芭蕉我们有时候也叫它芭蕉树，可以长得非常大，甚至长到四五米高。芭蕉的形态非常有特点，所以古人就对芭蕉产生了一种遐想、一种文化情感，比如人们把它跟太湖石画在一起，通常是在太湖石后面有一棵芭蕉相互映衬。

但在我们生活中，一般感情最重的是香蕉。今天吃到的芭蕉和香蕉都是经过改良的，我们可以做一个简单的比较。第一，香蕉的果实比较大，弧度比较大，它是弯的；芭蕉比较短，而且是直的。第二，芭蕉的棱比较清晰，有三个棱；香蕉有五个棱。第三，从口感上来讲，好的芭蕉是非常好吃的，比较甜，后味也不那么酸；香蕉刚吃上去觉得很香，可是吃多了后味会酸。

杜牧有首诗叫《雨》："连云接塞添迢递，洒幕侵灯送寂寥。一夜不眠孤客耳，主人窗外有芭蕉。"诗中写到了芭蕉，写得非常生动，把声音写出来了。诗人一个人出门的时候心里很孤单，又赶上一个下雨天，住在一个很陌生的环境里，诗人就睡不着觉了，听见雨声落在芭蕉叶上"滴滴答答"的声音，我们今天读起来能感觉声犹在耳。

3."洗桐"的典故源自哪个朝代？

马未都评：俗话说："家有梧桐树，不怕招不来金凤凰。"这赋予了梧桐树一种文化上的深意。这幅《洗桐图》是明代画家仇英的作品，画的是一位文人雅士带着自己的小童用水清洗桐树的场景。故事的主人公叫倪瓒，号云林居士、云林子，是"元四家之一"。倪瓒性格高洁，一生不仕，他的洁癖天下第一，比如他每天要换好几身衣服，树也要洗干净。"洗桐图"就是从他的人生爱好中来的，他要求家童每天都要把树洗干净。

历史上记载，有一次他家里来了一位客人，客人晚上咳嗽了一声，

仇英 《洗桐图》

倪瓒就一宿睡不着，早上起来就问家童痰吐到哪儿了，家童怎么也找不着痰迹，倪瓒说必须找着。最后家童无奈找了一片桐叶，说吐在那上面了，倪瓒看都不看就让扔出三里路开外。再比如他要求家童挑水回来烹茶，只用前面这桶水，后面那桶水弃之不用，而且要求家童挑水的过程中不允许换肩，因为他认为后面的水不洁。

他后来被抓起来关在监狱里，狱卒给他饭，他端着饭碗搁到眉头这么高，那狱卒不明白，就说："你把饭碗端这么老高，是什么意思？"倪瓒回答说："我怕你的唾沫星子落在我饭里头。"狱卒特别恼火，就把他关到厕所旁边，以此来折磨倪瓒。倪瓒一下就㞞了，就告饶。

如果这些记载都属实的话，那倪瓒可能是有一种心理疾患。他画的画都非常的高古疏淡，代表文人的高洁情操，但是他生活中那些洁癖都被人当作笑料了。后来"洗桐图"就作为一个文化现象，文士们觉得这还是很雅的行为，所以从元以后到明清大量地绘制。

古玩门诊

古玩一

清康熙　青花指日高升图梅瓶

这是个梅瓶，清代梅瓶的生产量非常大，尤其是康雍乾三朝。梅瓶到清代以后功能性退化了，更多的是作为插花的花瓶，因为它的口比较小。古人生活讲究，这么一个小口的瓶子插一两枝就够了，一长一短的很漂亮。这件梅瓶的风格非常清晰，一看就是清康熙的。人物画的是“指日高升”，这是一个拍马屁的纹饰。“指日高升”在康雍乾三朝画得非常多，尤其康熙一朝画得非常多，人物画得还是比较生动的，小童的瞬间动态、官员的得意之态都画出来了。

从重量上讲，这件东西算是比较重的了。康熙瓷器一般比较重，这已经是重量的上限了，再重就不对了。云纹也是康熙时期的一种画法，明代的画法相对不这么飘逸，而是更紧凑一些。像这样天上画孤独一日的大概就是清初这一个时期，这种孤独的画法是清初很流行的一种画法，到了清中叶以后经常太阳旁边画点云彩或者鸟。树是一种文化状态的树，画的是那种秀而古的感觉。这种树实际上不在于具体表达什么树，而是在表达一种内容。整体的布局非常成熟，山石、树木、云彩、太阳和人物之间的关系都照顾得非常好。这个瓶子从造型上讲也是康熙时期比较流行的，就是变化曲线不那么明确。

古玩二

明末清初　青花刀马人图葫芦瓶

这件刀马人画片画得非常生动，表现的是战争中一个激烈的场面，两个拿长枪的，一个拿刀的，后面还有扛旗的，底下还有兵，上面还有一个小鬼，就是钟馗像。明末清初时期的瓷器中经常使用这种手法，就是上下画两个不关联的图案。我们今天每个人所受的教育和训练都比古人多，即便不学美术，也比古人接受的美学训练多，比如常去看画展、翻一些画册，或者从电视上看到这方面的介绍。古人的美学训练只能从生活中来，那时的人画东西时感觉是最重要的，上面画的这种古代的战争场面非常灵动，按照现代人的要求去看，马肯定跑不成这样。但是我们不能这么去要求古人，我们只能站在古人的那个角度去看，它就是传达一个形态而已。这种苔藓的画法也是明末清初非常流行的，而葫芦瓶在嘉靖万历时期特别多，后来就急剧减少，但是不代表没有，底儿的刮削痕迹也是当时非常流行的，所以这件东西大概就是明末清初时期的。这种刀马人的布局对后来康熙的刀马人产生过巨大的影响。

古玩三

清嘉庆　斗彩缠枝花卉纹碗

这是一个大清嘉庆年制的斗彩碗，我们可以看出它的工艺水准，画得非常规矩，碗的里色有点发青，还有很多小黑点，这些都是它的时代特征。我们今天烧这样的碗经常会很白，清中叶的碗显示出淡淡的青，而且有一点飞灰现象，飞灰在乾隆以后越来越重。不是说每一件东西都会出现这种现象，但是出现这种现象往往在这个时期。纹饰画得非常细弱、规矩，它底下的边饰、款式写得也非常规矩，每个花之间的间距、花的画法都是一样的。官窑在这时候已经变成一个非常程式化的作品了，它失去了生命力，但是好处是规范。这也是乾隆时期逐渐规范的一个特点，一个朝代一开始大多是百废待兴，每个人都呈一种自由状态，当一个朝代不断往前走的时候，所有的事情都一点一点规范起来。我们自己看当今的社会也是这种状态，我们的法制是不断健全的，想一天之内就健全是不可能的。

古玩四

清早期　铜三足炉

这是一个我们常说的宣德炉，底下写着“宣德年制”。宣德炉自明朝宣德年间烧制，以后历朝历代都用这个固定的名字。也就是说，宣德炉不一定是宣德年间的，宣德以后的任何时期做的都可以叫宣德炉。过去的铜炉至少有几种区分方法，一种方法是一个形式、样子不同，一种方法就是大小不同。这种是很小的，一把抓，过去都是在书房焚香用的，不是在佛前供着的。上面的铜皮现象有两种，一种是它的养护，在使用当中会形成这种斑驳状，还有一种是人为的，就是古人在做这个炉的时候想做出这种样子，所以他用了一些其他的手段来辅助它成为这种斑驳状。明代后期到清代初期有大量的铜器在做的时候都追求这种斑驳状，有点像今天牛仔裤买的时候就做旧了。这个炉其实是清代早期的，做得非常讲究，边上有些磕碰。

古代对铜炉的使用没有明文的规定，但是我们能看到皇家的炉一般等级都比较高，因为皇家的地位在那儿，首先是制式非常规矩，每个炉都很标准，另外就是炉的铜质非常好。这件东西从炉的体量感和精致程度来看，应该是文人使用的焚香炉，有二三百年的历史了。

主题歌《醉文明》

作词：马未都　作曲：张亚东　演唱：纪敏佳

（第一节）
琵琶半抱，心曲一首
玉碗斟满葡萄酒
雾里看花，欲说还休
千呼万唤总是愁
山重水复，柳暗花明
疑惑重重何时休
几千年文化层层积累
为什么我却总也看不透？

（第二节）
商鼎周彝，和璧随珠
战国错金玉带钩
秦俑汉陶，晋帖唐画
宋瓷缂丝漆器秀
竹木牙角，花梨紫檀
天工开物件件优
灿烂的艺术古今享受
凭借我巧匠良工来铸就

（第三节）
禹夏殷商，西周春秋
战国七雄秦朝收
西汉东汉，三国两晋
南朝江水北朝丘
隋唐五代，辽宋金元
明朝冬夏清朝秋
这样的历史谁能拥有
唯有我中华民族万古流

（副歌）
置一桌坐一椅摆一花瓶，如对美人
挂一画佩一玉吟一情诗，尽得风流

图书在版编目（CIP）数据

醉文明：收藏马未都. 4 / 马未都著. -- 2 版. -- 北京：中信出版社，2017.1（2020.7重印）
ISBN 978-7-5086-6761-4

I. ①醉… II. ①马… III. ①收藏－基本知识 IV. ①G262

中国版本图书馆 CIP 数据核字（2016）第 235496 号

醉文明：收藏马未都. 4

著　　者：马未都
策划推广：中信出版社
出版发行：中信出版集团股份有限公司
　　　　　（北京市朝阳区惠新东街甲 4 号富盛大厦 2 座　邮编　100029）
承 印 者：北京盛通印刷股份有限公司

开　　本：880mm×1230mm　1/32　　印　　张：8　　字　　数：129 千字
版　　次：2017 年 1 月第 2 版　　印　　次：2020 年 7 月第 5 次印刷
广告经营许可证：京朝工商广字第 8087 号
书　　号：ISBN 978-7-5086-6761-4
定　　价：58.00 元